城镇化

健康与韧性：理想城市建设的基石

江苏省住房和城乡建设厅
江苏省城市科学研究会　　　　主编
江苏省城镇化和城乡规划研究中心

中国建筑工业出版社

图书在版编目（CIP）数据

城镇化：健康与韧性：理想城市建设的基石 / 江苏省住房和城乡建设厅，江苏省城市科学研究会，江苏省城镇化和城乡规划研究中心主编 .—北京：中国建筑工业出版社，2022.5

ISBN 978-7-112-27253-2

Ⅰ.①城… Ⅱ.①江…②江…③江… Ⅲ.①城市化－研究－江苏 Ⅳ.① F299.275.3

中国版本图书馆 CIP 数据核字 (2022) 第 051645 号

责任编辑： 陆新之　焦　扬
责任校对： 芦欣甜

城镇化　健康与韧性：理想城市建设的基石
江苏省住房和城乡建设厅　江苏省城市科学研究会　江苏省城镇化和城乡规划研究中心　主编
*
中国建筑工业出版社出版、发行（北京海淀三里河路9号）
各地新华书店、建筑书店经销
南京云停文化发展有限公司设计排版
南京互腾纸制品有限公司印刷
*
开本：880 毫米 x 1230 毫米　1/16　印张：7　字数：217 千字
2022 年 7 月第一版　2022 年 7 月第一次印刷
定价：48.00 元
ISBN 978-7-112-27253-2
（39119）

版权所有　翻印必究
如有印装质量问题，可寄本社图书出版中心退换
（邮政编码 100037）

城镇化
Urbanisation
健康与韧性：理想城市建设的基石

主编单位
江苏省住房和城乡建设厅
江苏省城市科学研究会
江苏省城镇化和城乡规划研究中心

学术支持单位
中国城市规划学会

编委会

名誉主任 何 权

主 任 周 岚 顾小平

副主任 刘大威 张 鑑 张 泉

顾问编委（按姓氏拼音排序）
崔功豪 齐 康 仇保兴 王静霞 吴良镛 郑时龄 周一星

编 委（按姓氏拼音排序）
董 卫 樊 杰 顾朝林 吕 斌 施嘉泓 施卫良 石 楠 苏则民
唐 凯 王兴平 吴缚龙 吴唯佳 吴志强 武廷海 杨保军 叶南客
叶祖达 袁奇峰 张京祥 张庭伟 张玉鑫 赵 民 周牧之 周志龙
邹 军

执行主编 丁志刚

文稿统筹 邵玉宁 鲁 驰 尤雨婷 姚梓阳 许 景 庞慧冉 徐奕然

美术总监 王小兰

美术设计 饶 斌 王晓鹏 黄 蕾

合作伙伴
清华大学建筑与城市研究所
南京大学
高密度区域智能城镇化协同创新中心
东南大学
能源基金会中国
城市中国计划

与作者联系
邮箱 Urbanisation@uupc.org.cn
电话/传真 025-8679 0800
地址 南京市草场门大街 88 号 11 层江苏省城镇化和城乡规划研究中心
邮编 210036
微信搜索 江苏省城镇化和城乡规划研究中心

城镇化思考者
The Thinker of Urbanisation

城镇化研究
城市与区域发展
人口城镇化
老龄化和儿童友好
产业转型与创新

城市更新与设计
城市设计
老旧小区改造
历史文化保护利用
城市特色风貌塑造

数字城乡建设
智慧城市空间信息平台
城市体检评估
空间数据分析与研究

宜居城市建设
宜居住区
宜居街区
美丽宜居城市
宜居小城镇
美丽街道
美丽水岸

工程技术咨询
低碳生态
水环境治理
海绵城市
绿色交通
市政基础设施
防灾减灾

江苏省城镇化和城乡规划研究中心是江苏省住房和城乡建设厅直属事业单位，是全国城乡规划建设行业首家新型城镇化研究机构。

中心以我国新型城镇化战略为导向，将城镇化研究与美丽宜居城市建设紧密结合，致力于规划设计与工程项目建设实践，为引领高品质城乡发展提供决策咨询与设计服务。

中心主要业务包括城镇化研究、宜居城市建设、城市规划设计、数字城乡建设、工程技术咨询，涵盖城市和区域规划、城市更新与城市设计、人口城镇化、低碳生态、水环境治理、产业研究、绿色交通、安全韧性城市、大数据应用等领域。中心获得国内外30余项优秀规划设计与工程设计奖项。

Urbanisation and Urban-Rural Planning Research Center of Jiangsu (UUPC) is the first research institution of new-type urbanisation in the urban-rural planning industry of China, which is subordinate to the Department of Housing and Urban-Rural Development of Jiangsu.

Guided by China's New Urbanization strategy, UUPC combines urbanization research with the Action of Beautiful & Livable Cities and Urban Regeneration, which is committed to planning and design and engineering project construction practice, and provides decision-making consultation and design services for leading high-quality urban and rural development.

The main business of UUPC includes urbanization research, livable city construction, urban planning and design, digital urban and rural construction, engineering consulting, urban and regional planning, urban regeneration and urban design, low carbon ecology, water environment management, industry research, green traffic, resilient city, big data application, etc. UUPC has won more than 30 domestic and international excellent planning, design and engineering design awards.

江苏省城镇化和城乡规划研究中心

编者语

2019年末的一场突如其来的新型冠状病毒肺炎疫情，改变了全球城镇化进程的既有轨道。这场一个世纪以来最严重的公共卫生危机几乎蔓延到了全球每个角落。而2021年夏天发生在河南的一场内涝灾害，也将人们的担忧拉回每天通勤必经的街道。人口高度聚集的城市，成为突发性公共安全危机来临时最为敏感的薄弱环节和最为关键的防线。

我们对于城市的许多认知正在被颠覆：一些被认为拥有良好的卫生系统和基础设施的城市，在危机来临时也暴露出了缺陷——从基本医疗公共服务的崩溃到城市内涝所引发的公共安全危机——这既是人类社会所需要共同面对的问题，也体现出不同国家和城市治理能力的差别。

这不是人类社会第一次面临突发性灾难的巨大考验。回溯公元前430年以来人类历史的若干次大灾大难之后发现，聪明的城市会在灾难中成长。人们对物质空间的规划建设、对法律法规的制定、对治理手段的更新迭代一再地为城市应对这些挑战创造出新的解决方案——灾难暴露出了城市薄弱的环节，也重新定义了城市的发展模式。特别是，一些城市在应对、恢复和建立长期抵抗能力的同时，往往能找到新的发展机会。

健康和韧性的城市环境是城市作为一个开放的复杂巨系统应对各类突发风险的压舱石。通过建成环境的营造，能够促进人们的健康、提升城市的韧性，从而推动理想城市建设。把握不变、积极应变，才能够全方位、全周期保障人们的健康与安全，应对未知的下一个病毒X或突发自然灾害。

江苏省城镇化和城乡规划研究中心的研究团队自2014年起先后完成了住房和城乡建设部以及江苏省住房和城乡建设厅多项韧性城市建设相关领域的科研课题与实践项目。本书内容围绕议题进行了较为系统的思考，同时结合国内外实践，推荐了相关城市的创新做法，与大家共同思考。在此特别感谢在本书成稿过程中给予帮助的有关单位及个人。

执行主编：丁志刚

2022年6月

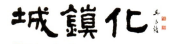

目录

011 重新审视危机之下的城市空间系统

020 建筑进化：对一系列健康危机的反应

033 健康功能织补最佳实验场

008　健康与韧性：

　　　理想城市建设的基石

010　重新审视危机之下的城市空间系统

014　你的房子健康吗？

016　建筑进化：

　　　对一系列健康危机的反应

024　健康功能织补最佳实验场

040　新冠肺炎疫情期间社区生活需求调查

044　大众健康与城市安全治理

054　未来说：

　　　病毒VS城市　进化进行时

060　气候变化背景下的"呼吸城市"建设之道

070　中国古代理想人居的健康之道

082　韧性城市评价体系和建设框架

088　韧性城市：

　　　中国城市实现可持续发展的重要途径

060 气候变化背景下的"呼吸城市"建设之道

087 韧性城市评价体系和建设框架

094 以韧性城市建设提高应对风险能力
——对话江苏省住房和城乡建设厅副厅长陈浩东

100 以人民为中心的城乡人居环境该有的样子

101 泛智慧城市技术提高城市韧性

102 只有转向社会治理现代化，才能弥补疫情应对中的不足

104 2020/2021中国城市规划年会"空间治理转型及行业变革"学术对话观点

109 第十四届江苏省绿色建筑发展大会分论坛召开

112 江苏发布《疫情应对下的建筑和住区导则》

078 中国古代理想人居的健康之道

健康与韧性：理想城市建设的基石

城市作为有机体，健康既是平衡永续运转的一种状态，同时也是其抵御各类风险和灾害、从非正常状态自我恢复的一种能力和适应性。而后者，亦被称为城市的"韧性"。

在人类文明的螺旋式上升中，城市作为文明孵化器和载体，承载了人类文明的每一轮更新换代。每当重大灾害和疫病来袭，生存压力的倒逼势必会对人类的生活和生产方式产生深远的影响，而这些影响也将最终投影在人类生产生活的城市空间中，带来城市空间形态的改变以及城市治理方式的演进。以生命为代价，城市习得了免疫力（韧性）和预见性（留白与弹性），完成了一次次进化与跃迁。

截至2021年10月22日，全球新型冠状病毒肺炎（后简称新冠肺炎）感染情况

全球化背景下，新发传染病的传播速度更快、影响范围更大

19世纪，霍乱和鼠疫历时近半个世纪才通过商队、马匹和帆船所走的贸易路线，从亚洲的印度等国家的流行中心蔓延到欧洲和北美。

1889年 1889年，随着蒸汽交通工具旅行的出现和欧洲铁路网的扩张，疫情暴发的四个月内，"俄罗斯流感"被带到了柏林和汉堡，然后被远洋轮船从那里带到利物浦、波士顿和布宜诺斯艾利斯等地，引发了持续时间长达三年的全球流感疫情。

19世纪　　　　　　　　　　　　　　　　20世纪

城镇化 | Urbanisation

安东尼瘟疫　公元165—191年
伤亡情况 死亡超500万人。
产生影响 直接导致罗马帝国灭亡。

唐山大地震　1976年
伤亡情况 唐山、天津、北京地区累计死亡24.2万人，重伤16.4万人。
产生影响 震后的建筑物均达到了八度设防，"唐山是世界上最安全的城市"。

印度洋地震海啸　2002—2003年
伤亡情况 直接造成22.6万人死亡。
产生影响 围绕此次事件的救援工作，成为全球化时代背景下，跨国合作、全球治理、区域治理的典型课题。

黑死病　1347—1353年
伤亡情况 死亡人数超过2500万。
产生影响 对中世纪欧洲社会的经济、政治、文化、宗教、科技等方面造成了剧烈的冲击，引发了文艺复兴。

孟加拉特大水灾　1987年
伤亡情况 受灾人数达2000万人。
产生影响 促使孟加拉反思和印度、尼泊尔能在有效利用本地区水利资源，即在冬季增加河水流量，在雨季控制洪水这些问题上达成协议。

汶川地震　2008年
伤亡情况 造成69227人死亡。
产生影响 国务院令第526号《汶川地震灾后恢复重建条例》于国务院第11次常务会议通过，2008年6月8日公布，自公布之日起施行。

布雷西亚爆炸　1769年
伤亡情况 闪电导致大规模爆炸，死亡人数超3000人。
产生影响 普及了避雷针等设施。

疯牛病　1980—1990年代中期
伤亡情况 共屠宰和焚烧病牛1100多万头。
产生影响 欧盟、加拿大、美国、荷兰等地相继采取措施，加强食品安全管理。

东日本大地震　2011年
伤亡情况 死亡人数以岩手、宫城、福岛三县为中心达到15897人，失踪者达到2533人。
产生影响 引发福岛核事故，至今仍未解决。

天花　15—16世纪
伤亡情况 未接种疫苗且没有接受治疗的情况下，死亡率高达50%。
产生影响 18世纪70年代，英国医生爱德华·詹纳发现了牛痘，人类终于能够抵御天花病毒。

SARS疫情　2002—2003年
伤亡情况 确诊8299人，死亡1008人。
产生影响 引发人们对突发性公共安全事件的关注和反思。

新冠肺炎疫情　2020年
伤亡情况 截至2020年10月25日，全球共累计确诊4302.53万人，累计死亡115.23万人。
产生影响 引发对公共卫生安全问题和逆全球化影响的反思。

1918年 1918年夏季至1919年春季的11个月间，因通过大西洋航线将美国士兵快速运往西欧北部的前线，"西班牙流感"暴发三轮疫情。

2002年 2002年SARS暴发时，在国际航空影响下，冠状病毒在全球范围内传播花了五个月。

2020年 2020年，新冠肺炎疫情蔓延全球，只用了四周时间。

21世纪

重新审视危机之下的城市空间系统

□ 翻译及整理 邵玉宁

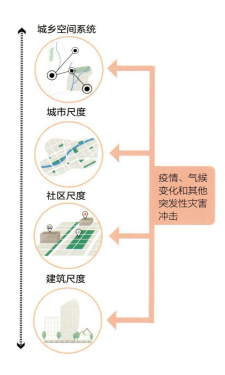

当疫情、气候变化和其他突发性灾害来临时,不同尺度的城市空间都在遭受冲击

工业革命以来,高密度发展、土地混合利用和全球性的互联互通,成为城市繁荣持续而强有力的引擎,为人口流动提供了动力,也为科技创新提供了温床,但同时,当城市面临外界冲击时,它们也恰是城市破防的核心关键。

纵观历史,在疾病和其他公共危机暴发时,城市物理空间中原本隐藏于高速发展进程中的一系列问题逐一暴露,包括城市生态系统、卫生系统、公园绿地系统、街道设计和住房管理等,会成为城市中最薄弱的环节,对人们的生活方式产生极大的影响,改变着人与城市的关系。我们需要从建筑、邻里、社区和城市的不同层面,重新审视危机来临时城市空间形态和功能的变化,从而建立更可持续和综合的城市空间系统。

本文节选自联合国人居署《城市和大流行:迈向公正、绿色和健康的未来》,原标题为《Cities and pandemics: Towards a more just, free and healthy future》,如非注明,本篇中所有图片及文字观点均来自该报告。

——译者注

Fact 1

更聪明的建筑:通过更好的设计适应未知的风险

住房条件改善

拥挤和劣质的住房已被证明会加剧疫情和灾害影响。因此,全球许多城市已经采取措施改善和重新配置过度拥挤的住房和非正式住区。

灵活的建筑设计

多用途且能够灵活改造的建筑空间,能够使城市具备更强的复原能力。改造难点往往是建筑物本身的物理形态。应重新考虑其空间设计,以避免过度拥挤,设置通风系统,并尽量减少不同用户之间的潜在接触。

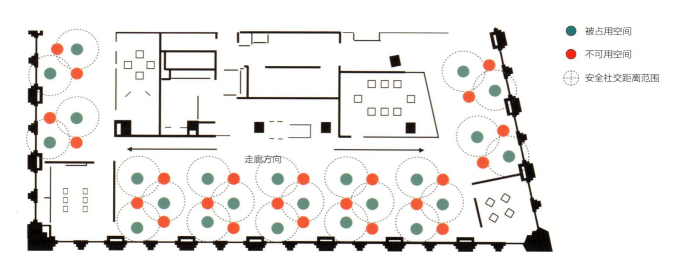

重回办公场所——物理距离分析

Fact 2
社区和邻里关系：赋予本地社区生活的全新意义

公共空间

当城市面临健康和韧性危机时，社区尺度的公共空间是城市应急系统的重要空间来源，临时医院、仓库、应急避难场所和其他有助于提高社区应急能力的设施都需要通过公共空间的改造而实现迅速响应。

随着社区公共空间被作为城市应急空间，人们对公共空间的利用方式和利用特征也发生了改变。空间的组织形式、基本功能、设计标准等都发生了变化。公共空间的设计需要面临"常态"与"非常态"的平衡。这种平衡并不意味着功能的束缚。许多城市通过创造性地重新规划公共空间，使公共空间在"非常状态下"仍然保持活力，甚至创造新的发展机会。停车场、开敞绿地等原本被忽视或无法进入的公共空间被赋予新的功能。不同年龄、性别、职业的人群及其对公共空间的利用方式、使用时间段和驻留时长都发生了变化，如何更加精细化地满足不同使用者的需求，也使公共空间面临新命题。

紧凑型多用途空间

当疫情和灾害来临时，社区和邻里既需要在隔离或"孤岛"状态下的正常运行，也需要能够与城市环境发生有针对性的互动，从而尽快进入重建和恢复，这使得人们需要重新思考如何规划社区和邻里。

随着居家远程办公模式和网络消费模式的普及，人们对居住地周边社区级服务设施的需求不断增长，从而使城市更需要紧凑型多用途的空间。

以"15分钟生活圈"为代表的分散、紧凑、多用途的公共服务供给方式既有利于遏制疫情蔓延，提高城市的抗灾能力，也有利于城市居民满足当地需求，从而减少他们与病毒的接触和传播，保障人身健康安全。

哥本哈根

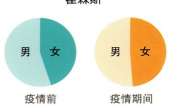

霍森斯

斯文堡

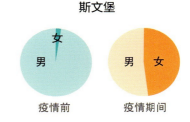

在疫情期间，丹麦部分城市的公共空间出现了显著的性别再分配

意大利都灵某小学将暑期学校活动移到户外，以保证安全的社交距离

健康与韧性的城市：人口规模、密度和城市形态的作用

城市网络系统

当疫情和自然灾害来临时，城市网络系统的核心——城市与城市之间的关系——将发生巨大的变化。原本以促进要素流动为导向的城市关系会被割裂，取而代之的是针对应急响应的特殊要素流动需求。

疫情和灾害来临时，人口和各类要素的集聚模式、生产和就业的空间分布都发生了显著改变。随着远程工作模式日益普及，人们通勤需求显著减少，产业发展和就业岗位资源的供给越来越呈现扁平化特征，二线及以下较小的城市成为人们选择居住地的新热点之一，建立城市网络系统的重要性愈加凸显。

完善的城市网络系统有助于提高城市经济、社会网络与生态系统的复原能力，产生更多的内生循环动力、更本地化的食品和医疗用品供给能力以及基于工业技术革命的实时本地供应系统。

疫情和气候变化威胁了城市系统和生态系统

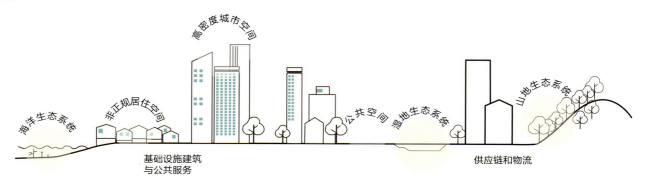

基于自然的解决方案
提供不同类型的生态系统服务

- 监督管理功能
- 食物供给功能
- 文化娱乐功能
- 辅助支撑功能

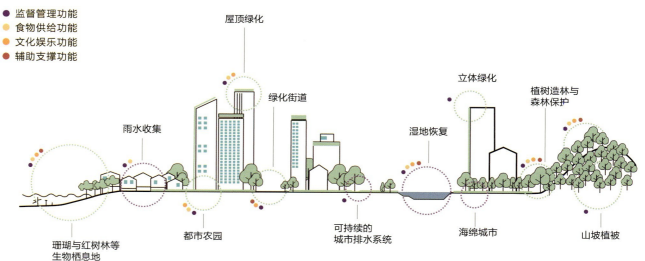

人口规模与密度

在疫情和灾害来临的最初阶段,人口密度更高的大城市可能更容易受到冲击。但城市具有更加高效的资源配置体系,在分配和提供医疗和其他基本服务方面发挥了主导作用。因此,高密度不等于更高的传播率或死亡率。真正受到冲击的,是城市中的"薄弱地区"和"薄弱领域":过高密度的住区、与人口规模不相匹配的公共服务供给系统等。

每百公顷地块中的相同密度的不同配置方案
- 住宅
- 商业和办公
- 公共设施

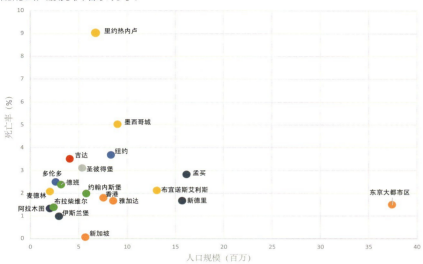

截至 2021 年 3 月全球城市新冠肺炎疫情死亡率和人口规模

密度:75 个住宅单元/百公顷
高层建筑
低建筑覆盖率

密度:75 个住宅单元/百公顷
低层建筑
高建筑覆盖率

密度:75 个住宅单元/百公顷
中等建筑高度
中等建筑覆盖率

城市交通

当城市受到疫情和灾害冲击时,人口和各类要素流动模式发生巨大变化。非机动交通需求显著增加,但公交车和地铁服务需求却大幅下降,这可能会让城市交通预算陷入困境。在很多国家和地区,无障碍、安全和可负担的公共交通是城市中最安全、最基本的交通工具之一。非机动化的交通方式转变,对街道空间的利用产生了影响。

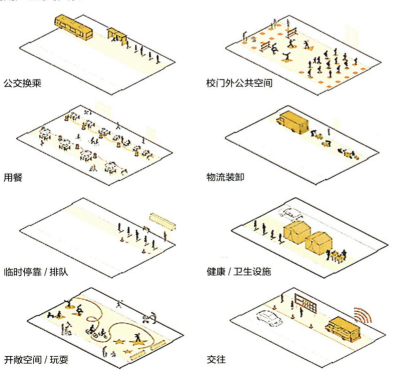

面向健康与韧性的城市,如何重新设计和调整街道用途

意大利米兰市的 Corso Buenos Aires 提出减少机动车使用空间的街道设计方案

你的房子健康吗?

□ 整理 鲁驰

面对"天井"的窗户是否关紧?

许多带有天井的高层建筑,由于在结构上形成一个巨大的"拔风",会造成"串味儿"。但是,在疫情流行之际,为了避免"串气"和天井内不洁物质的蒸发,人们应该关紧面对"天井"的窗户,开启其他一些直接对外的窗户,以保证户内的良好通风。

是否鼓励多多动起来?

建筑物的设计可以鼓励人们移动或不移动。如果唯一的选择是绕着房间几圈,或者摸着黏糊糊的扶手爬上潮湿的楼梯间,那么人们很可能久坐不动。一个阳光明媚的中庭开放式楼梯鼓励人们从一层步行到另一层,屋顶花园让人想起床走走。

是否在房间中也能亲近自然?

长期待在室内并缺乏与自然的接触会使人情绪低落,影响昼夜节律。让阳光照进房间,在建筑中感受到更多绿色,对身体和心理健康均有积极帮助。

水箱水管是否保证干净的用水?

除了水源质量影响外,高位水箱如果得不到及时清洁,也会造成二次污染。尤其是疫情时期,水箱紫外线消毒灯要全部开启,同时要每三个月更换一次,以保证紫外线消毒的有效性。

电梯、楼道是否清洁?

电梯、楼道是很多高层建筑中相对封闭的空间。尤其是很多高层建筑的消防通道是"黑楼道",堆放垃圾杂物,滋生病菌。人们应减少在封闭空间——楼梯和电梯里停留的时间,并对封闭空间进行合理频率的清洁、通风。

资料来源:
[1] 群岛.建筑师的10条防疫建议,在家就能做[EB/OL].(2020-02-05)[2021-07-30].
https://mp.weixin.qq.com/s/11ECQD5-lgCtQjus1Cv-VA.
[2] Edwin Heathcote. The architecture of health: How buildings are designed for wellbeing[EB/OL].(2018-09-28)[2021-07-30].
https://www.ft.com/content/0249c3be-bce0-11e8-8dfd-2f1cbc7ee27c.

屋顶出风口是否保持距离？

集中住宅所有通风管道的出风口都在顶层，平台上的通风管道高度应该达到1.8～2m。出风口做得过低的平台，在防疫情的特殊时期，人员不宜上平台，或尽量减少在出风口周围活动。

如果城市要成为健康的有机体，那么新陈代谢的基本单元就是建筑。人一生80%以上的时间在建筑里度过，在疫情特殊时期，这个时间就更长了。建筑是疫病在城市中传播和驻留的重点对象，也是对抗疫情、庇护身心的重要武器。一句话——坏的建筑使人生病，好的建筑则使人健康。

是否有合适的空调系统？

目前，采用集中式中央空调的建筑越来越多，而采用循环送风的中央空调却无法对循环风进行消毒。在防治疫情的特殊情况下，为防止串气应关闭空调或等待按新标准进行改造。安装了新风系统的建筑应确保新风系统最大挡排风，同时有条件的应该改造中央空调出风口，加一个二氧化氯或紫外线等的消毒装置。

房间是否引入清新空气？

在相当长的时期中，为提高能源效率，办公楼、商场、公寓等建筑的密封设计成为趋势，由于缺乏适当的通风，引发了"病态建筑综合征"。

今天，建筑室内外通风情况评估及改造、通风设备的安装及更新愈发受到重视，建筑物开始变得复古——拥有方便打开的窗户。

是否得到良好管养？

除了使用者对建筑设施的摆布、维护之外，建筑的统一管养也很重要。例如，对不常用房间定时开窗通风，使用环保的清洁剂清洁家具和地毯，在地漏内倒入消毒剂，避免病菌通过地漏传播等。

地漏和存水弯是否隔绝"空气倒流"？

建筑物内地漏的"水封"深度应该达到3～5cm。目前，部分老建筑采用的是已被淘汰的三通地漏，其水弯中的水量只有1～2cm，这样的水量在春季一两天就会蒸发掉，为有效防止串气，必须每天注意及时加水。尤其是为了防止空气倒流及细菌污染，最好用消毒水作"水封"。

下水管道是否完好无渗漏？

很多建筑因下水管道穿透楼板，上下层楼板间常有不同程度的渗漏。这种渗漏有可能造成病毒传播。防止渗漏应对渗漏和冷凝水结露有所区别，如果有滴漏的情况应及时修补，如果只是浸润式的渗漏，用户则可采用喷药消毒的办法保证室内的清洁卫生。

建筑进化：对一系列健康危机的反应

在建筑中寄托"健康"由来已久。漫长的时间中，瘟疫轮番冲击和改变着人类的建筑环境，一次次健康危机往往归因于建筑，而后健康的希望又寄托于建筑。伴随着对危机的认知和应对，人们从开始的朴素直觉与不断试错，到总结可行的建设经验，形成系统的科学知识，建筑的建造形态和使用习惯被不断重塑。

公元前 5 世纪 | 14 世纪 | 17 世纪

公元前 5 世纪

雅典大瘟疫，希腊

寄托健康理想：用于祭祀、医疗、精神和身体宣泄的公共建筑

建筑传播：
以神庙为中心的建筑群无序蔓延；
公共建筑中市民交往活跃。

建筑应对：
将疾病的源头归于太阳神阿波罗，神庙承担祈福、治疗、精神宣泄等多重功能；
"医学之父"希波克拉底提出燃烧带有香味的植物以净化空气。

后续影响：
"医神"阿斯克勒庇俄斯崇拜盛行，阿斯克勒庇俄斯圣所发展成最早的有组织的疗养院，医疗建筑长期与祭祀、商业、体育、艺术等功能混合。

14 世纪

黑死病，热那亚卡法 - 全欧洲

朴素试错：清洗、烟熏房间抵御黑死病

建筑传播：
平民住宅人畜混住，面积狭小（15 英尺见方，约 21m²），房屋中没有厕所；
封建领主的城堡厚墙小窗；
老鼠、跳蚤轻易进入室内。

建筑应对：
清洗、烟熏房间希图净化空气。
隔离居住：政府用炭笔在黑死病病人家门画上大大的字母"P"；
沿街商铺设置酒窗。

后续影响：
完整独立的医疗建筑逐渐与普通建筑分离；人们没有认识到黑死病的真正传播原因，瘟疫仍在之后几个世纪不时出没。

17 世纪

鼠疫，意大利、英国等

形制标准化：建筑与鼠疫同归于尽后的浴火重生

建筑传播：
简陋环境、高密度布局和人畜混住等不良习惯并未得到改变。

建筑应对：
被动应对——1665 年，伦敦极高密度的简易木板房被大火吞噬，火焰烧毁了13200 栋房屋，包括 87 间教堂、44 家公司，80% 地区变为废墟。
主动应对——颁布《重建法案》，强制规定了建筑材料、建筑层数等。

后续影响：
"原有的木屋被石头房子所代替，室内卫生和个人卫生有所改善，小家畜远离住宅，从而使跳蚤失去了繁殖的条件。"
——《15 至 18 世纪的物质文明、经济和资本主义》，南多·布罗代尔

城镇化 | Urbanisation

1854 年

霍乱，约克 – 伦敦

功能区隔和基础设施革命：霍乱促使现代建筑诞生

建筑传播：
不洁水源；建筑功能混杂。

建筑应对：
建设世界第一套现代排水系统，建筑中逐渐普及下水道和经过消毒的自来水；
屠宰、制革等小作坊从住宅中分隔出去。

后续影响：
真正意义上现代城市和现代建筑出现。

2003 年

非典肺炎，全球

通风和排水设施改良：降低高密度建筑的传染风险

建筑传播：
气溶胶 + 地漏 + 排气扇；
飞沫和空气传播。

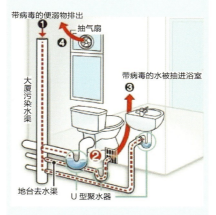

建筑应对：
居民楼地漏下 U 形管改造、通风系统改造。

后续影响：
新建建筑尽量避免深槽天井的设计；
出台一系列指引和法案，不但重新重视室内设计，还重视控制和改善高密度地区建筑形态。

2019 年—

新冠肺炎，全球

更加关注心理影响和弹性可能：新冠下的建筑新变化

建筑传播：
飞沫和空气传播。

建筑应对：
重提 U 形聚水器等设计；
应急医疗设施建造；
住宅和各类公共建筑的全面改良。

后续影响：
关注建筑对身体和心理健康的双重影响；
重视从建筑设计到建造、改造、使用各环节对健康的积极干预措施。

资料来源：
[1] UNESCO.希腊埃皮达鲁斯考古遗址.
https://visitworldheritage.com
[2]一只建筑精.城市、瘟疫和人类 | 从黑死病到新冠病毒的历史思辨[EB/OL].(2020-03-8)[2021-07-30].
http://www.archcollege.com/archcollege/2020/03/47170.html.
[3]卫夕. 1854年，守夜人雪诺如何在伦敦大战传染病夜王？[EB/OL].(2020-02-08)[2021-07-30].
https://mp.weixin.qq.com/s/piGj4QCO7jVFynqxBoifHw.
[4]香港特别行政区屋宇署.排水渠管维修你要知[R].2021.
[5]香港特别行政区卫生署.淘大花园暴发严重急性呼吸系统综合征事件[EB/OL].(2004-05-28)[2021-07-30].
https://www.info.gov.hk/info/sars/tc/index.htm.

疗愈身心，提供可靠居所

从致病宅到理想家

"致病宅"不是新生问题。"二战"后，欧美国家城市便注意到住宅通风、密封性等与疾病风险的紧密关联，室内空气品质相关的致病建筑物综合征（SBS）、建筑物关联征（BRI）和室内化学物质过敏症（MCS）引起了全世界的强烈关注。2003年"非典"期间，即有针对我国香港淘大花园"疫厦"的调查显示，居住环境卫生条件、住宅设计、建筑部品、设备设施的排水管与地漏、浴室门与排气扇、室内环境性能质量以及后期维护检修等方面存在大量直接或间接问题。新冠肺炎疫情以来，住宅建设在性能与部品品质，尤其是健康安全方面的缺项再次显露出来。如何解决普遍存在的建筑硬件卫生防疫性能不足、居住安全保障技术缺失、应急改造的可操作性不强等问题尤为迫切。

住宅健康防疫标准化探索

2020年2月湖北省《住宅小区疫情防控指南》	为应对疫情紧急制订： 对电梯轿厢、按键及扶手和出入门开关把手、可视对讲按键等高频次接触设施设备，每日清洁和消毒2~4次；加强户内通风，保持水封有效
2020年12月江苏省《住宅设计标准》修订	安全健康作为修订完善重点内容： 提倡非接触式智慧通行，设置智慧家居系统、智能信报箱等设施；要求住宅设置新风系统或新风装置；采用墙排式同层排水系统，解决卫生间返臭、渗漏、维修难；生活饮用水水池（箱）设置消毒装置，二次供水的水池（水箱）设置水质在线监测装置或预留安装水质在线监测装置条
2020年12月山东省《健康住宅开发建设技术导则》	首个健康防疫住宅地方技术文件： 采用非接触式门禁，电梯梯控采用非接触式设施；住宅单元、地库入口预留封闭改造的可行性；电梯预留紫外线消杀设备接口；保证公共垂直通风道的通风安全；防止地漏病毒传播和厨房烟道串味；每户均设玄关，利用玄关组织收纳、消杀等行为；卫生间按功能进行净污分离；户内分类储藏，保证居家生活整洁卫生
2021年5月四川省《住宅设计标准》	提出健康防疫要求： 明确增设内天井、增设垃圾收集处理、增设通气立管的设置要求

给窗户加个口罩，防病毒＋防花粉＋防蚊

居家隔离间布置：选走廊尽头和下风口房间

资料来源：
刘拾尘.防疫住宅（建筑）：提升建筑的主动防疫功能[EB/OL].(2020-04-08)[2021-07-30].
https://mp.weixin.qq.com/s/C9ZJv4oRHeMMadjQgTvqdg.

疫期预防，平时健康：武汉"防疫住宅"

华中科技大学刘小虎及团队为应对新冠肺炎疫情首次提出并发起了"防疫住宅（建筑）"研发应用项目，为疫区居民量身定做《防疫住宅手册（基本版）》提交给武汉市防疫指挥部，引起了广泛关注。"防疫住宅"的理念包括消毒杀菌模块、避免交叉感染的流线组织、更健康的形体布局和分区、遏制病菌传播的设施装置等。

利用门口空间做一个简易消毒间

走廊尽端正面入户型

走廊尽端侧边入户型

走廊侧边入户型

老式住宅入户空间

平时健康：应对长期居家新常态

"疫期防疫，平时健康。"人一生中有一半以上的时间是在住宅中度过的，在疫情没有彻底离去的新常态下，这个时间在世界各地不同程度地变得更长了，并带来类型各异的新需求。

在美国， 人们对贮藏空间提出了更高的要求，建造用于缓冲存放快递、与内部空间隔离的大储藏室，增加大容积步入式壁橱等成为设计师的重点工作之一。此外，为了缓解长期处于家中的单调乏味，对家庭剧院、健身空间、能够服务于在庭院烧烤活动的户外厨房的需求也在上升。

在新加坡， 改善高密度居住环境成为预防疫情的重要议题，例如新加坡截至2020年4月的数据显示，32.3万名居住在劳工宿舍的外籍员工感染率高达1.01%，是总体感染率的10倍以上。即使遵循同样的防疫措施，卫生条件差而人口密度高的集体宿舍、群租房依旧可能成为疫情传播的重灾区。

在我国， 人们对居家体验的关注相对疫情前明显提升，尤其是经历过居家隔离生活的人们，开始放大原先不曾注意的居住环境的各项细节，不仅要求消除或降低健康风险因素，还要提升居家生活、办公等各项活动的舒适度。

疫情后室内环境要素的满意度下降了（单位：%）

疫情后购房者关注要素

资料来源：
益普索Ipsos，朗诗集团. 2019中国室内健康舒适体验研究报告[EB/OL].(2020-11-16)[2021-07-30].https://mp.weixin.qq.com/s/GaSdXaXtgiKsD8001Q4V-g.

应对下一次危机：适应健康装备升级的住宅

对照健康防疫住宅的标准，既有住宅的改进除了应急措施，还涉及入户式新风换气、排水、智慧监控等新技术新部品的改造更换，但这对于从设计施工到交付使用一次性完成的成品住宅来说难度极大。因此，为了应对可能再度降临的健康危机，住宅建造还须探索更加灵活可持续的建造和运维方式，以及相应的技术标准和政策体系。

日本 SI 住宅

SI住宅的核心思想是"分离"，即将主体结构部位（Skeleton）与内、外设备管线等"填充"部位（Infill）进行明确分离。一般来说，填充部分的设计使用年限远低于主体结构部分，迭代周期也短得多。SI住宅确保在不损伤建筑主体结构部分的前提下可随意更新内装部分乃至户型，从而延长住宅的使用寿命，提高住宅未来的可变性。

资料来源：
[1]門脇耕三, 深尾精一, 鎌田一夫, 等. SI住宅のスケルトンの改修キャパシティに関する研究: 集合住宅の改修性能の定量的評価手法に関する基礎的研究[J]. 日本建築学会計画系論文集, 2001, 66(543): 147-153.
[2]装配式装修.日本SI住宅发展：从长寿化到两百年[EB/OL].(2017-08-14)[2021-07-30]. https://mp.weixin.qq.com/s/WCjXaa6tFSo7Y9TB9U2tSg.

重新排布办公建筑

办公空间迭代：健康和效率同样不可忽视

弥漫全球的疫情使得很多人不得不开始居家办公，尤其是在欧美地区，长达一年多的居家办公也使得人们不禁开始思考，疫情过后，居家办公还会是主流吗？人们是否会恢复到疫情前的开放式办公？要了解疫情后办公空间何去何从，我们首先要了解是什么造就了今天的办公空间。

18 世纪
- 工业革命催生专门化大型办公建筑，标准化隔间出现
- 便于交流和监视

20 世纪初期
- 追求最高效率，忽视社会心理状态和身体健康，招致大量批评
- 泰勒主义（Taylorism）影响，阵列式桌椅普及

20 世纪 20 年代
- 知识型工作增加，通信技术革新，"开放式办公"成为主流，相继出现自由隔间、团队式岛台、共享办公空间等

- "半开放式"大进深办公空间出现
- 人工照明与空调通风系统等建筑装备的进步一定程度改善了工人健康状况

20 世纪中期以后
- 卫生环境的改良使办公环境的健康很长一段时间不再是人们关注的重点

办公空间迭代中的健康要素

资料来源：
[1] Allen J G, Macomber J D. What makes an office building 'healthy' [EB/OL].(2020-04-29)[2021-07-30].https://hbr.org/2020/04/what-makes-an-office-building-healthy.
[2] Bonnie Berkowitz, Laura Stanton. Are you in an unhealthy office relationship?[EB/OL].(2014-07-08)[2021-07-30].
https://www.washingtonpost.com/wp-srv/special/health/unhealthy-vs-healthy-office/index.html.
[3] Elizabeth von Goeler. Post-pandemic workplace design will not be the same for all[EB/OL].(2020-03-13)[2021-07-30].
https://www.sasaki.com/voices/post-pandemic-workplace-design-will-not-be-the-same-for-all/.
[4] 秦榕.办公空间的迭代与疫情后的未来[EB/OL].(2021-03-26)[2021-07-30].
https://mp.weixin.qq.com/s/9lahju7MCOchnFqJyiix4g.
[5] Emily Vernon. The proptech guide to workplaces[EB/OL].(2020-09-23)[2021-07-30].
https://www.metrikus.io/blog/the-proptech-guide-to-workplaces#history-of-workplace.

健康舒适与工作效率高度相关

现代办公建筑的进化迭代中，健康和效率是需要平衡兼顾的两项重要因素。已有许多企业注意到，追求高度密集的工位对注意力和生产力的影响与所节约的成本相比是得不偿失的。健康的工作场所可以减少员工的疾病和旷工频率，带来更高的工作场所满意度以及生产效率。

- 美国公共卫生协会：空气质量差，极端温度、湿度过大和通风不足，增加哮喘和呼吸道疾病概率
- 马萨诸塞州大调查：最佳室内温度每偏离 1 度，工作输出就会减少 2%
- 马萨诸塞州制造商调查：对 40 座办公建筑中 3000 多名员工的病假数据分析发现，所有病假中有 57% 可归因于办公室通风不良
- 病态建筑综合征 (SBS) 调查：在有脏地毯等污染源的办公室工作时，工作速度慢 6.5%
- 将室外空气输送到办公室的速度增加一倍，员工在文字输入、编写、校对和创造性思维模拟任务中的表现提高 1.7%
- 英国大型办公室调查：在遵循亲近自然原则设计的办公室中，年轻人血压较低，心率较低，工作效率提高 15%
- 改善通风、照明设计分别使生产率提高了 11%、23%

分层防御：回归作为物理实体的办公室

远程并不能代替全部，我们都将带着对我们生活、学习、工作和娱乐的建筑的新期望重新回归作为物理实体的办公室。此时，现代办公空间带来交叉感染的问题得到前所未有的关注，健康的办公建筑将从"值得拥有"变成具有竞争力的"必须拥有"。每个员工、企业或组织领导者心中的问题是：回归作为物理实体的办公室，如何保障健康？人们拒绝回到老式封闭格子间，但同时，疫情前主流的大规模混合办公空间也必须有所变化。由于办公业态的复杂性和多样性，没有一种单一策略是足够的，必须从分层防御的角度考虑降低办公环境健康风险。

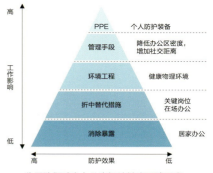

分层防御减少办公空间的健康风险示意

更健康的办公空间

◎ 混合办公场所

疫情严重时，最有效的控制措施是最小化接触，将人们留在家中确保安全，但这不可避免地带来了高昂经济损失。在欧美等受冲击严重地区，正在探索混合办公的常态模式——在家完成日常任务，办公室成为协作、交流和创新的空间。除了传统办公建筑，企业或组织在部分居住社区增设卫星式的共享办公空间，以及重新填充空置的零售店、饭店、旅馆等，以降低办公区域密度。

硅谷公司的混合办公场所新常态

根据 IDC 预测，截至 2024 年，美国将有 60% 劳动力远程办公，尤其是科技公司的脑力劳动者，远程办公比例更高。
谷歌：2021 年 5 月宣称，疫情结束后保持 20% 员工永久居家办公，60% 员工选择一周中的某几天去公司。
沃尔玛、推特：出售、退租办公楼，缩小办公建筑规模，为员工提供彻底远程、灵活办公、在岗办公选择。
Dropbox、Spotify：首要办公方式为远程办公，但在员工居所周围租赁短期办公地点，解决团体开会、活动的需求。

◎ 更小更灵活的办公室

由于在岗办公的规模缩小，办公室的规模大大缩减，功能也更加精简。一些企业或组织开始使用更多小面积和灵活的办公租用空间，而针对大体量客户的大面积办公空间可能需要一些针对性的布局改动，包括降低办公室密度和增加更高频使用的远程会议室等。这一方面是为适应防疫需求，另一方面也是有效地节省成本的措施。

"办公室将不再像家一样"

过去数年中，"居家办公"美学将住宅设计融入办公环境中，创造出像客厅和厨房一样的办公室。其混合了 24 小时免费餐食、干洗、高端健身房、健身班、托儿所、午睡室等设施，目标都是让员工愉悦地保持工作。
随着全球疫情的流行，我们可能会看到"居家办公"美学的衰落。一方面，办公空间的功能混合带来交叉感染风险；另一方面，居家工作的体验历历在目，许多员工可能会意识到工作和居家的分离对心理健康和幸福生活有重要作用。

◎ 关键性环境工程

在建筑层面，供暖和制冷系统可以在改善室内空气质量（IAQ）方面发挥关键作用，对减少新型冠状病毒肺炎的散播至关重要。建筑可以采取的三个步骤：增加室外换气，保持或增加室内通风率，增加系统的过滤效率。在房间层面，考虑使用便携式空气净化器，并研究非接触式入口、电梯、洗手池和抽水马桶等新技术。

新加坡政府更新建筑物通风守则

新加坡建设局、国家环境局和卫生部更新现有的《建筑物机械通风及空调标准守则》。办公楼和商场等空调系统具备机械通风功能的密闭场所，要求将空调的新鲜空气进气量调到最大，及减少室内空气再循环，并可考虑在窗上装置排风扇。在通风不好的空间可把空气供应和排放系统对齐，使空气单向流通。在传播风险高的密闭空间，装置配有高效微粒空气（HEPA）等过滤器的便携式空气净化器，去除空气中的病毒气溶胶（Aerosol）。

◎ 智慧精益管理

出于防疫需求，欧美许多科技企业近两年在智慧设备技术（Smart PropTech）上加大投入，尤其是办公场所的占用监控（Occupancy Monitoring）传感技术。通过在整个办公室部署物联网传感器，监控办公场所的实时人数、给定区域的密度、员工之间的距离、区域之间的人流，将办公密度保持在特定阈值以下，并辅助制定交错的在岗办公计划。

"健康"一直蕴含于理想建筑的标准之中

维特鲁威《建筑十书》中的"得体"(Decor)

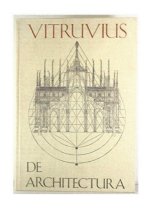

"做到这些建筑就具有了得体:神庙地点一开始就要选在最有利于健康的地区,有合适的水源供应,尤其是建造供奉医神、健康之神以及掌管医治大众疾病的医药诸神的神庙。病人若从流行病地区迁移到一个卫生的环境中,用上卫生的山泉水,会很快得到康复。如此安排,相应的神祇便会因为地点的特性而获得越来越高的声誉。同样,在冬天,卧室和书房的光源应从东面而来,浴室和储藏室的光源应从西面而来,因为这一区域的天空不会因太阳的运行而有明暗变化,而是终日稳定不变。"

《建筑十书》提出的建筑六要素

《建筑十书》中的健康考虑

第一书"建筑的基本原理与城市布局"	选择健康的营建地点:避开人或动物瘟疫蔓延之地;避开毒气、湿气;控制冷暖变化
第六书"私人建筑"	气候(地域与种族);光学;内庭;房间朝向、房间功能;建造方法
第七书"内部装修"	铺筑地面;顶棚;壁画
第八书"水"	水源——水脉的寻找和雨水的收集;质量——水的种类和质量的检测;运输——水平面和输水管

资料来源:
王昕, 刘先觉. 从《建筑十书》与《营造法式》的比较看中西文化的不同[J]. 华中建筑, 2001, 19(5): 4-6.

堪舆学中人与自然的调和

堪舆学(风水学)强调自然伟力影响人的健康与后裔繁衍,其中相宅是在建筑布局设计中调和阴阳,以趋吉避凶,建立健康的居住环境。"高耸的峭壁被视为阳,圆形的高地被视为阴,在可能的情况下,须平衡这些影响 取阳的3/5和阴的2/5……占卜者极偏爱蜿蜒的道路、迂曲的墙壁与波折多姿的建筑物"(引自李约瑟的著作《中国的科学与文明》)。

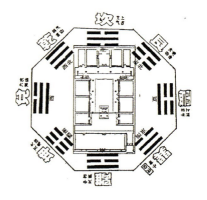

偏阴建筑环境:
影响人的精神状态,萎靡不振,易患忧郁
偏阳建筑环境:
影响人的性情躁急,易患精神过敏
阴阳调协、正中和平的建筑环境:给人身心以健康的保持,对四时不正之气,如,风、寒、暑、湿、燥能承受,对虫、蛇、蛊、毒能抵抗。

相宅中的健康考虑

辨形	满足生理健康: 北房宽阔高大,宅院南北深长,利于通风纳阳 西北高东南低,利于排水 宅院阻挡宅外污染的进入,且防风、防火、防潮及清洁卫生 满足心理健康: 背山面水,树木环护,景观悦目 宅周流水,道路弯曲有情,水声悦耳 宅形完整方正,稳定均衡
察气	地气:宅基大小高卑、土质、地温及湿度 门气:宅内外景观、小气候调节 衢气:交通便利性、私密性 峤气:宅院、场所围合感和安定感、宅内排湿隔热和防风御寒 空缺之气:宅内外空间流通渗透、空间开敞通透之感

瓦斯图"建筑科学"中的健康

"如果你的房子结构设计得能够使积极的力量胜过消极的力量,那么生物能量就会有益地释放,从而帮助你和你的家人过上幸福健康的生活。一个正面的宇宙领域盛行在一个世俗化建造的房子里,那里的气氛适合平稳幸福的生活。另一方面,如果同样的结构是以消极的力量超越积极的方式建立起来的,那么傲慢的消极领域会让你的行为、努力和思想消极。"(引自印度建筑科学典籍《Vastu Shastra》)

《Vastu Shastra》中的健康考虑

潮湿、怪石、蜂箱和蚁丘的存在对人类居住有害。

建筑围绕中心空间的核心要素展开,应特别注意阳光方向以及空间的相对功能。例如,起居室应位于房屋的中央部分,餐厅应朝西,卧室的斜坡应朝向东方,家庭的首领应该留在西南方向。

被称为"Dharmas"的房子的中心轴应该保持轻松,不应该存放重物。

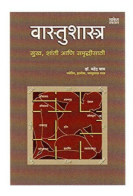

古印度"瓦斯图"建筑科学认为,每块土地或建筑物都有自己的灵魂,而这个灵魂被称为Vastu Purusha,建筑的排布犹如对应人体的结构,它告诉我们如何避免疾病、抑郁和灾难。

资料来源:
Gupta R. Comparison of Vastu Shastra with modern building science[J]. International Journal of Research and Scientific Innovation, 2016, 3(7): 118-21.

健康建筑:下一代绿色建筑

国内外现代意义上的健康建筑普遍以绿色建筑为起点而发展。绿色建筑目前已由政府主导形成涵盖评价标准、评价标识和鼓励性政策的较完备体系。健康建筑由建筑领域从业者发起,目前由行业协会主导,还处于活跃孕育的阶段,被认为是绿色建筑发展的高端方向,深层次发展需求,是下一代绿色建筑。

建筑与环境 VS 建筑与人

	绿色建筑	健康建筑
兴起背景	在高速城镇化、资源与环境压力、建筑质量压力、节能减排约束等背景下产生,旨在推动建筑节能、减少环境污染	在"健康中国"战略背景下产生,旨在综合促进建筑使用者的身体、心理和社会关系健康
内核思想	"四节约一环保"——全寿命周期内,最大限度节约能源、土地、水资源、材料,保护环境、减少污染,为人们提供健康、适用和高效的使用空间	满足人们对环境、适老、设施、心理、食品、服务等更多元的健康需求
涵盖领域	绿色建筑向工程细分领域延伸:规划、暖通空调、电气、给水排水、建材	健康建筑向综合交叉学科延伸:社会科学、公共卫生学、心理学、营养学、人体工程学
指标要求	从建筑本身在全寿命周期内的环境影响出发,强调对建筑系统的分项计量和监测,包括节地与室外环境、节能与能源利用、节水与水资源利用、节材与材料资源利用、室内环境质量、施工管理、运营管理等	从促进人的身体和精神健康出发,可感知性更强,包括空气、水、声、光、热、湿、健身、人文、服务等

2006年住房城乡建设部《绿色建筑评价标准》

评价指标体系	
空气	污染源——浓度限值——净化——监控
水	水质——系统——监测
舒适	声——光——热、湿——人体工程学
健身	室外——室内——引导
人文	交流——心理——适老
服务	物业——公示——活动——宣传
提高与创新	健康性能提高/健康创新

《健康建筑评价标准》T/ASC 02-2021

资料来源:
[1] 王清勤, 邓月超, 李国柱, 等. 我国健康建筑发展的现状与展望[J]. 科学通报, 2020, 65(4): 246-255.
[2] Mahesh Ramanujam. Healthy buildings and healthy people: The next generation of green building[EB/OL].(2014-03-28)[2021-07-30].
https://www.usgbc.org/articles/healthy-buildings-and-healthy-people-next-generation-green-building.

健康功能织补
最佳实验场

□ 整理 尤雨婷

比邻而居的生存模式，古老而悠久。城市中的人，除了在充满匿名性和速度感的城市喧嚣中与人会面，在静谧夜晚的书斋中独自沉浸孤独与诗情，依然需要介乎绝对隐私与绝对开敞间的"第三空间"。社区，即是一种城市居民由私密向公共生活过渡的空间秩序与生活组织方式，它既是当代城市治理中化整为零的计量单位，也是"邻里单元"的现代释义。

研究表明，社区生活对个体—群体的健康有着深远的影响。面对健康这个持久而深刻的命题，作为介乎建筑与城市的"次空间"单元，社区成为织补社会健康网络的最佳实验场。如何顺应邻里模式变迁规律，探索健康城市私密性与开放性在时空维度、治理维度上的当代协调，是当下健康社区营建最重要的课题。

住宅环境

美国疾病预防控制中心 健康社区行动	·建筑设计引导居民使用楼梯	·维护公园和绿道网络，鼓励开发新的绿地 ·提高公园绿地的可达性
LEED-ND 绿色社区认证体系	·建设受认证绿色建筑 ·满足最低建筑能耗	·汽车依赖度低 ·湿地与水体长期保护 ·自行车路网密，停靠设施多
国际健康建筑研究院 健康社区标准	·建筑修复 ·基本住房质量	·空气质量 ·环境照明 ·增强行人单车环境 ·混合用地开发 ·蓝绿色空间
台湾健康社区六星计划		·环境绿美化 ·改造视障者空间
北京市健康社区指导标准		
上海15分钟社区生活圈规划导则	·多样性住宅类型 ·包容混合住宅布局 ·活力共享住宅环境 ·人文底蕴住宅风貌 ·舒适住宅建筑	·多类型多层次的公共空间 ·高效可达、网络化公共空间布局 ·人性化、高品质、富有活力与文化的公共空间

城镇化 | Urbanisation

设施　　交通　　社会　　活动

设施	交通	社会	活动
·配置提供健康食物的商店 ·确保儿童、母婴友好设施的提供（如儿童保健中心、学校）	·为所有开发项目建造人行道 ·为所有发展项目建造自行车设施 ·人行道设计遵守"美国残疾人法"	·鼓励学生参与健康社区项目 ·提供各种族就业机会	·为体育活动创造空间 ·为社区活动创造空间，如社区研讨会
·通用设计和残疾人设施 ·社区配套学校（小学、初中）	·适合步行街道 ·减少停车设施占地面积 ·私家车交通需求量管理	·混合收入的多元社区 ·公共参与和教育	
·超市可达性 ·自行车基础设施 ·卫生设施	·停车限制 ·低排放车辆 ·自行车基础设施 ·大众运输支持	·母乳喂养支持 ·都市农业 ·公共教育与社区参与	·社区空间 ·公共场所 ·活动编程 ·体育活动空间
·提供安全就医服务 ·确保消防安全	·促进交通安全 ·健康步道 ·安全通学路	·活化文化资产 ·鼓励社区民众主动关心并解决社区健康议题 ·重视社区参与	·社区篮球场、社区棒球场建设
·社区卫生服务机构达到"六位一体"服务 ·提供家庭医生式服务 ·建设适宜社区的健身设施 ·室内外健身活动场所设备完好		·成立社区全民健身协会	·社区将小型多样、居民喜爱的体育健身器材以健身大礼包的形式，进楼门、进庭院
·多层次的社区服务系统 ·多样化的社区服务内容 ·便捷可达的高品质地区服务	·舒适连通的步行网络 ·便捷多层次的公共交通 ·TOD 导向下的站点开发 ·停车设施合理布局 ·全通达高密度道路系统		·步道应满足人们日常休闲散步、跑步健身、商业休闲活动等日常公共活动需求，串联主要公共空间节点，形成大众日常公共活动网络

社区生活对健康的影响：从个体到群体

对个体健康全生命周期的影响

人们出生、成长、生活、工作和变老所在的邻里环境决定了个体全生命周期的健康轨迹。邻里环境对个体健康的影响，是一种典型的"邻里效应"，并兼具"情景效应"和"发展效应"双重特征。

其中，"情景效应"聚焦于静态环境，关注环境多样性对居民健康的影响；"发展效应"则更聚焦时间动态性，内含多个影响过程和机制。

"邻里效应"对群体健康的多维影响

社区生活在人口、经济、政治、社会、物理等多方面对聚居的群体健康产生影响。例如，长期居住在城镇化水平较高的邻里，居民患慢性疾病和抑郁的累积风险更大；邻里绿化水平与老年死亡风险和抑郁水平呈负相关，长期绿色环境暴露可促进寿命的延长；相比于邻里变迁导致饮食环境和饮食行为（如高脂食物的过量摄入）的改变，与日常生活相关的体力活动减少是造成居民健康不佳的主因。体力活动、酗酒、吸烟等是目前主要关注的健康（或非健康）行为，它们是联结邻里环境变化与居民健康的中介因素。

发展效应对社区个体健康的影响机理

基于暴露时长的"累积性"：个体在某一环境的时间越长，越有可能形成特定的健康结果，或是"优势累积"，或是"劣势累积"。

基于转折点的"里程碑"效应：某些重要或"触发性"事件的发生可能改变原有的邻里效应轨迹，如邻里冲突会降低居民对原有邻里的情感认同和凝聚力，产生心理疾患，甚至造成迁居。

基于时间顺序的"滞后性"：生命早期的邻里环境条件会对居民青春期和成年早期的健康以及生命末期的健康产生影响，作用方式包括风险暴露、资源机会和障碍、行为选择。

基于特定生命时段的"关键期"：邻里环境对某一年龄段居民健康的影响和塑造远超过其他年龄段；如邻里的物理性（建筑空置、涂鸦、乱扔垃圾）和社会性（帮派问题、街边酗酒和暴力）失序对儿童早期（11岁）的行为影响尤为显著；建成环境（如烟酒售卖点、步行路网密度、户外康体设施等）对个体成年早期的饮食行为和体育锻炼习惯确立至关重要；绿色环境暴露对男性心理健康的正面效应在成年早期至中期最为强烈，而对女性则是在老年阶段的影响更加突出，等等。这些影响因个体或群体特征不同而有所差异，"性别""受教育程度""收入""社会地位"均是预测性较强的个体因素。

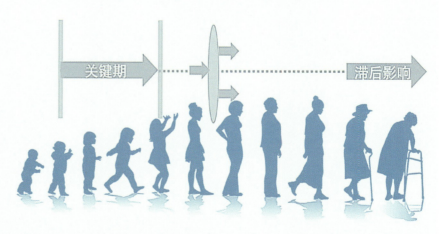

邻里对个体健康从出生到死亡的全周期影响

参考文献：
程晗蓓,李志刚. 邻里变迁影响城市居民健康的国际研究进展与启示 [J/OL]. 国际城市规划:1-16[2022-05-31].http://kns.cnki.net/kcms/detail/11.5583.TU.20210421.1257.002.html.

"邻里效应"对群体健康的影响图谱

邻里特征			对健康的影响[提高（+）/降低（-）]	
类别	因素	观测因子	结果	疾病
人口和经济	邻里贫困	家庭收入中位数（或均值）、租房家庭比例、25岁以上具有大学学位比例、最近5年内搬离的居民比例、失业率	劣势	女性肥胖风险（+）；成人超重风险（+）；成人患肺癌风险（+），吸烟行为是较强的中介因素；老年过早死亡风险（+），男性更显著；迁居者自评健康恶化风险（+）
	邻里剥夺	贫困线以下人口比例、年收入低于3万美元家庭比例、居住密度、高拥挤度家庭比例、住房设施匮乏家庭比例、租房家庭比例、公园面积占比（居住地500 m半径内）	劣势	女性早产风险（+）；老年焦虑和抑郁风险（+）；老年自评健康恶化风险（+）；迁居者心血管疾病风险（+）
	城市化水平	人口密度、经济活动、交通和卫生基础设施、住房条件、通信、社会服务	劣势	成人患高血压、糖尿病、中风、心梗风险（+）；成人不健康饮食摄入和新陈代谢减慢（+）
政治	政治参与	请愿签名、发表演说、给报纸写信、参加政治集会和公共会议、从事党政工作	优势	成人死亡风险（-）
社会	社会性失序	种族冲突、帮派问题、街边酗酒和暴力	劣势	儿童早期行为偏失风险（+），11岁时影响最显著
	邻里劣势	贫困线以下人口比例、女户主家庭比例、失业率、获得公共援助的家庭比例、非裔美国人比例	劣势	儿童和青少年抑郁风险（+）；成年个体功能衰退和死亡风险（+）
	社会孤立	与家人和社区成员联系（通信/面对面交流）频率	劣势	老年过早死亡风险（+），女性更显著
	感知凝聚力	邻里关系密切度、友好相处度、物资和情感援助意愿、信任度、价值观差异	优势	成人抑郁风险（-）；老年体力活动（+）
物理	物理性失序	空置建筑、涂鸦、乱扔垃圾	劣势	青少年饮酒的早发风险（+）；老年体力活动（-）
	可步行性	土地利用混合度、街道密度、交叉口密度、零售建筑面积比例、地铁站密度	不显著/优势	女性体质指数无关；男性体质指数增加风险（-）；老年体力活动（+）
	食物环境	小型杂货店、超市、便利店、特色和综合餐馆、快餐店	劣势	成人肥胖风险（+）；成人女性"腰臀比"和男性"腰高比"增长风险（+）
	过度饮酒	售酒店、饮酒场所（KTV/酒吧、餐厅等）	劣势	成人死亡风险（+）
	绿色空间	归一化植被指数（NDVI）	优势	成人心理疾患风险（-）；老年抑郁和焦虑风险（-）；老年死亡风险（-）
	空气污染	暴露浓度	劣势	老年死亡风险（呼吸性疾病和心血管疾病）（+）
绅士化		家庭收入中位数、拥有高等学位者比例、地块租金中位数	混合	种族调节，黑人族裔表现较低健康水平（+）
		社会经济SEIFA指数	混合	身份认同调节，精神健康（+/-）

健康社区营建的动力机制：空间、服务与治理

物质环境与社会结构是构成健康社区生活圈的基础要素。从发展动力机制来看，物质环境的空间秩序提供了健康社区协动发展基础，综合服务强化能动适应条件；社会治理则为社区在应对风险与不确定时提供从动应对能力。

空间秩序	综合服务	社会治理
协动发展指社区内部通过空间环境的合理组织，以及基础设施的有效配置，实现社区有机主体与客观环境的双向调节。	能动适应指社区层面通过有计划的调节，使客观环境融入自身发展系统。对空间资源合理配置，加强社区网络的构建，为特殊时期的社区居民提供高效的公共服务和沟通方式，满足生活需求的同时为居民提供在紧急情况下的适应模式。	从动应对指社区在预防风险以及面对风险时，主动改变自身机制和体系，以适应灾害或疫情中自然环境和社会环境的改变，通过制度和组织的完善达到维持社区的管理秩序、维护居民安全的目的。

构建健康社区的空间秩序

当代建筑师芦原义信提出，外部空间的内部化，是提升城市公共外部空间社区性要素的首要因素。

社区最大的魅力是模糊了"家"的边界，让外部空间承载了家的生活。楼下的早餐铺，成为唤醒每日生活的餐桌；社区花园，成为让更多人聚集、交流的客厅；社区运动场，成为健身达人的每日打卡地；家门口的便利店，永远为深夜归家人亮起一盏回家的灯。

对于社区而言，充足的服务空间、活动空间、体验空间延伸了家庭生活半径，更长时间的停留自然产生对场所的情感与依赖，也让社区空间"健康促进"功能更加凸显。因此，营建健康社区最基本的手段，首先是营建健康的空间秩序。基于对居民身体、心理、社会适应等多层次日常健康需求的分析，公共设施、公共空间、交通网络这三大系统则构成了满足日常健康需求的基本社区空间秩序要素。

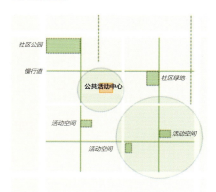

公共设施系统

日常健康社区空间秩序构成要素

系统	设计要素		设计要求
公共设施系统	综合集中型设施：社区服务中心	社区管理中心	独立占地的建筑，留有户外广场/活动空间；15min 步行可达，集合行政管理、便民服务、社区公益、文体活动功能
		社区文体中心	独立占地的建筑，留有户外广场/活动空间；15min 步行可达，集合健身场馆、运动场馆、文化活动室、图书室等功能
		社区卫生中心	独立占地的建筑，留有户外广场/活动空间；15min 步行可达，集合诊所、药房、心理咨询室、养老服务（独立）等功能
	独立型设施：社区生活中心	菜场	独立占地的建筑，10min 步行可达，改造升级现有菜场，线上线下一体化
		大型社区超市	独立占地的建筑，15min 步行可达，扩充现有超市，线上线下一体化
		学校	独立占地建筑
	分散式设施	小型商业	小超市等：采用沿街底商形式，5min 步行可达
		生活便利设施	快递柜：与公共空间结合设置，5min 步行可达
公共空间系统		中心空间	与社区服务中心结合设置；15min 步行可达，满足开放性、功能性、卫生性、舒适性
		街道节点空间	街角公园/口袋公园；15min 步行可达，满足开放性、功能性、卫生性、舒适性
		宅前空间	宅前空间优化升级；15min 步行可达，满足开放性、功能性、卫生性、舒适性
交通网络系统	慢行交通	社区支路	同时满足慢行与机动车通勤需求；优化道路断面，保障步行空间
		内部道路	以慢行为主

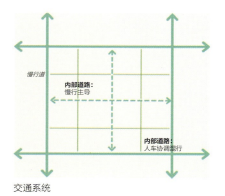

公共空间系统

交通系统

面向健康社区生活圈的空间秩序设计：南京成贤街社区

成贤街社区位于南京市中心，区域面积 0.8km²，东起太平北路，西至进香河路，南临珠江路，北接北京东路。从健康社区营建视角，现状成贤街社区面临两方面问题：一是医疗、运动等健康设施供应不足，疫情期间生活必需品采购不便；二是公共开放空间不足，品质普遍不高。基于此，结合健康社区建设标准与要求，对公共设施与公共空间两大方面进行系统与节点设计。

公共设施设计

日常期间公共设施体系：集中打造健康导向的社区服务生活中心，新增卫生院、文体活动中心等一系列设施与空间。从而补足社区在体育健康方面的短板。

日常期间公共设施体系图

打造以管理、引领养老功能为主题的社区活力中心 1。分别改建两栋现有宾馆建筑，为社区卫生服务中心和养老中心；改造进香河路菜场入口使其开敞化，成为社区交流场所；并拆除路口原有质量不佳建筑，改建为立体活动场地。

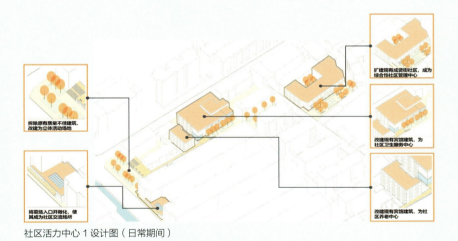

社区活力中心 1 设计图（日常期间）

在南京老图书馆旧址打造以文体活动为主题的社区活力中心 2。将老图书馆建筑改造为社区图书馆、文化活动室、运动健身馆，并改建馆前广场，成为户外体育运动场地。

社区活力中心 2 设计图（日常期间）

公共空间设计

公共空间是社区生活的重要载体，打造宜居、宜游、宜享的公共空间设计也是健康社区营建的必要举措。在成贤街社区以微更新手段增加街角公园、开放体育场地等活动节点，实现在有限空间营造开放、贯通的空间体系，为倡导运动与交际、鼓励居民日常休闲活动起到积极推动作用。

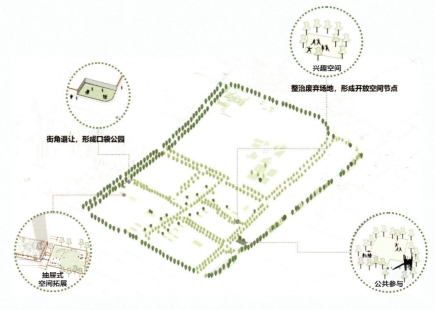

社区公共空间体系图

以宅前空间为例做节点设计：将小区入口后退，新增快递柜、智能门禁管理、停车位、城市家具等服务设施，提升空间品质，促进小区智能管理。同时增加活动场地，实现在小区内即可进行日常健身休闲活动的目标，预留备用服务空间，疫情期间可作为住区防疫点。

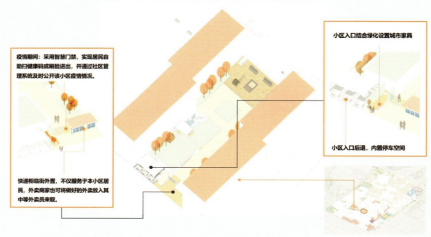

宅前空间设计图 1

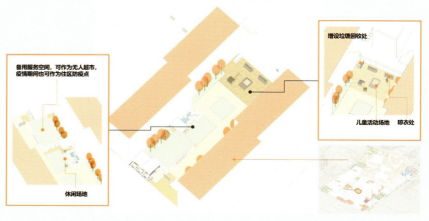

宅前空间设计图 2

资料来源：
东南大学建筑学院课程设计"面向城市健康和城市安全的旧城社区更新研究"
指导教师：孙世界、周文竹
参与学生：谢华华、潘昌伟、王智康、蔡莹莹、王行健、李鹏程、沈天意、何芊荟、程晨

提供家门口的康养服务

养老、扶幼、医疗是贯穿人生命始终，维系基础健康条件最重要的社会公共服务之一。良好、优质的康养服务一方面为高品质人居生活提供了现实基础与支撑保障，另一方面也是城市发展建设更高层次的追求。作为社会基础公共服务的"最后一公里"，社区康养服务成为当前社会普遍关注的焦点。无论是平时还是特殊时期，如何构建居民"家门口"普惠的社区康养服务，是健康城市营建不可忽视的重要板块。

新加坡养老社区综合体——海军部村落（Kampung Admiralty）

Kampung 是马来语，中文直译为"甘榜"，即村落的意思。海军部村落（Kampung Admiralty）位于新加坡兀兰新镇，紧邻海军部地铁站，占地 9000m²。综合体建有两座老年公寓楼，含 104 个小型养老公寓。同时公共服务建筑内提供医疗康养、托幼、老年娱乐、商业、小贩中心、活动广场等社区服务，为老年公寓居民，以及周边社区提供全方位的代际融合服务。

新加坡总理李显龙在海军部村落发表国庆致辞时，这样形容海军部村落："许多居民都是祖父母，他们的成年子女住在附近。每天早上，年轻的父母会在这里的儿童保育中心送孩子，并在当天晚些时候被祖父母接走。老人们在社区花园与他们的朋友一起打太极拳或学习园艺，或去医疗中心定期检查。放学后，祖父母将孩子带到小贩中心寻找食物，或带到操场上跑来跑去。"

左侧：两栋高层老年公寓

右侧：公共服务设施

三、四层：老年医疗康养中心

五层及以上：幼儿园、托儿所、早教机构、老年娱乐及服务设施

一、二层：公共广场、商业、小贩中心

四楼楼顶老年公寓和公共建筑中间，规划为老年人和孩童共享的社区花园。

五楼以上进行层层退台处理，营造一个充满绿色的屋顶花园。屋顶花园开辟了一个 150m² 的社区种植园，可种植蔬菜和草药，重拾旧时的村庄情怀。

资料来源：
段义猛. 新加坡·第三期·代际融合的养年社区综合体——海军部村落（kampung admiralty）[EB/OL].(2019-08-13)[2021-07-30]. https://mp.weixin.qq.com/s/u5CzyiQNlclXwmQUAzAMZQ.

加拿大 Quayside 社区互联网医疗服务 Care Collective（数字中枢）设想

Care +Collective 作为健康服务的社区空间，是一种帮助人们更好获取信息的数字平台，以便人们在此分享资源、建立合作。同时，他们在考虑设施和空间设计时不仅关注个体的身心健康，还照顾到整个社区的整体状况与健康需求。

纽约城市创新组织 Sidewalk-Labs 联合全球战略创新和体验设计公司 Idea-Couture 开展了一次针对加拿大 Quayside 地区的社区的健康的研究，并提出了 Care+Collective 社区空间的概念。

"数字中枢"的核心目标是为患者、社区成员和服务提供商提供目的明确且易得的支持。它有一系列被数字加持的功能区，且通过设计使任何人都可以创建新的数字工具，使周边区域获益。包括以下四种功能。

◉ 健康助理——帮助人们定制个性化健康路线
自身特色：
※ 提供个性化健康建议的数字面板；
※ 管理来自不同医疗机构的处方和转诊；
※ 允许用户预订和管理当地预约和服务，获取可预订的会议室，并注册当地健康相关的活动；
※ 可通过个人设备、自助服务终端和接入点访问，必要时提供面对面帮助。
整合后的特色（与数字中枢的其他功能相整合）：
※ 将信息和健康数据同步到生活健康记录，以便进行跟踪和联系；
※ 通过社区匹配平台持续策划个性化的本地活动。

◉ 生活健康记录——个人身心健康状态综合视图
自身特色：
※ 每人都能访问其个人健康信息的综合视图（如：测试结果、处方）和来自个人的数据（如：来自可穿戴设备或应用）；
※ 允许用户输入个人相关的背景信息（如：文化、精神、环境价值观）；
※ 允许患者与众位医护人员分享生活健康记录，帮助他们创建更加整体化、个性化的健康服务方式。
整合后的特色（与数字中枢的其他功能相整合）：
※ 允许个人向社区健康信息平台提供匿名的健康信息，以帮助服务提供者更好地了解社区健康状况；
※ 患者可根据自己的生活健康记录，利用社区匹配平台匹配具有相似健康状况的患者。

◉ 社区健康信息平台——让规划师、服务提供人员、社区组织更好地理解社区需求与挑战
自身特色：
统计社区健康信息，更好地了解和评估对社区服务、活动与资源的需求。
整合后的特色（与"数字中枢"的其他功能相整合）：
匿名获取访问者的生活健康记录，把信息推送到社区健康信息平台。

◉ 社区匹配平台——让社区居民进行互助关怀、匹配的工具
自身特色：
※ 提供数字匹配服务，社区成员和访客可在此交换商品与服务；
※ 向志愿贡献者提供社区积分，可用积分购买商品或享受服务；
※ 可通过个人设备、社区信息亭和其他接入点访问；
※ 可匹配相似健康经历或状况的患者彼此进行互助关怀。
整合后的特色（与"数字中枢"的其他功能相整合）：
※ 可通过数字健康助理访问；
※ 使用个人的生活健康记录匹配与其健康经历相似的同伴。

"数字中枢"的组成

资料来源：
一览众山小—可持续城市与交通. Sidewalk Toronto｜智慧社区健康服务的未来[EB/OL].(2019-06-11)[2021-07-30]. https://mp.weixin.qq.com/s/BgKHaRB92VS4gTsPEVw-Rw.

健康社区的食物地图

现代城市快节奏的生活让人们拥有多样化的饮食方式，但也在一定程度上形成了很多不良的饮食习惯，引发了一系列健康问题。社区作为人们日常生活的基本空间单元，为居住者提供多种获取食物的渠道，如菜站、便利店、餐厅和农园等，这些作为社区满足人们饮食需求的基础设施分布于住宅建筑群中间。良好且充足的社区"食物源"和适宜的"食物源"分布能够提供便捷的社区服务，鼓励人们培养健康的饮食习惯和生活方式，促进健康社区发展。

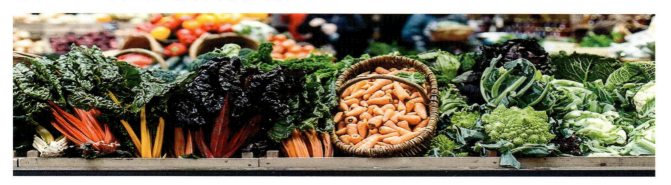

纽约 Green Carts（绿色食品车）计划——提高社区健康食物可达性

Green Carts 是纽约市政府推出的一种流动食品贩卖车，经营者可以在纽约市特定社区范围销售新鲜农产品（通常为新鲜蔬菜与水果）。根据相关规定，Green Carts 经营者只能销售新鲜蔬菜水果，例如胡萝卜、香蕉、苹果等，不能销售冷冻或加工食品，也不能销售切条、削皮的蔬菜和水果。

在经营范围方面，为保障全市新鲜果蔬在社区"最后一公里"的流转效率，全市针对发放的 1000 个 Green Carts 授权经营许可证加强管理，要求其设置在全市居住社区集中的指定区域。

拟经营者需凭借市卫生局主办的食品保护培训课程结课证，以及税务和财政厅颁发的销售税征收许可证，申请取得流动食品贩售执照，再凭借流动食品贩售执照向卫生局提出申请 Green Carts 的授权经营。Green Carts 牌照有效期为两年，每次办理收费 75 美元。

Green Carts 授权经营范围分布示意图

纽约 Green Carts（绿色食品车）

形成良好的社区治理模式

简·雅各布斯在《美国大城市的死与生》中提出街道监视者（Street Watcher）的概念。她指出，富有活力与人情味儿的城市街道上，往往有着一群时刻"监视"道路的人们，他们关注着周边的人和事，随时准备伸出援助之手。正是这些店主、小企业主、街坊邻居共同构成公共生活中的邻里关系网。

社区共同体，是陌生人背景下一群有公民意识、情感联系和责权共担的社区社会人。他们是当代的社区"监视者"，基于共同的公民意识，热心关注、积极融入集体生活，形成守望相助、共生呼吸的有机生命体。社区共同体的形成，除了外部物质空间环境营造之外，一方面需要从社会治理层面唤醒居民的"近邻观念"，重启社区自组织功能；另一方面需要通过自上而下的制度建立与组织架构，营造良好的邻里环境与多方参与的交往规则，从而激活基层自组织与居民深度参与的底层活力。

启动社区自组织功能的四种社区联动治理模式

社区治理强调政府与群众的共治，因此社区自组织功能的启动需要通过多方联动加强基层政府与自治组织的衔接与权责划分。总结国内外发展经验，联动的社区治理模式主要分为以下四种类型。

模式一：行政牵引下的基层联动

该模式是指政府自上而下建立社区管理模式，统筹制定并落实对社区的规划。同时，伴随"社区治理"理念的兴起，该模式注重引导政府权力重心的下移，将社区内各种社会组织、企事业单位、居民群众等资源整合起来推动社区的发展。

模式二：网格化治理下的绑定联动

网格化是2003年提出的一种社区治理的重要模式，网格化下的联动就像鱼儿绑定在"渔网"内，由固定的人员、组织架构完成特定的社区管理服务内容。

模式三：治理主体间的"三社联动"

为进一步调动社区内各主体的积极性，近年来我国提出"三社联动"的基层社区治理模式，即将分散的社区、社会组织和社工联系起来，协调互动，形成合力。该模式在既有治理模式基础上，更加突出强调让社会中各种力量参与社区治理，从而获得更大的自组织韧性基础。

模式四：社区营造下的资本联动

社区营造是一个社区的自组织过程，指通过提升社区内的集体社会资本，达成自治理的目的。例如在社区营造中融入地域文化，从而创造提升地域社会价值。

>>> "以共同缔造重启社区自组织功能"

建立和完善城镇社区基层治理是一个长期而复杂的课题，需要各方的努力。但是对于城市规划而言，则可以充分利用空间规划这个触媒去重启社区的自组织功能，促进社区治理能力的提升。事实上，回顾世界现代城市规划发展史就会发现，以社区规划来促进社区共同缔造、培育社区精神、完善社区治理是一个重要的任务和普遍的现象，而这一点恰恰是我们过去几十年城市规划研究和实践所忽视的。近一段时期以来，随着中国城镇化阶段的转折和国土空间规划体系的建立，许多城市开始思考将工作重点更多地转向存量规划、城市更新，这是一个重启城市社区自组织功能、提升社区治理能力的重要契机。在开展存量规划、城市更新工作的过程中，我们除了关心土地开发绩效、产业功能培育、景观形象之外，必须更关注如何通过社区共同缔造，让社区自治的精神得以回归，自组织的功能得以重启；通过社区规划，将社区居民重新凝聚起来，凝结大家共同的意志；通过社区场所的营造，建立便捷安全的邻里空间，促进社区居民亲密友爱、守望互助。

张京祥
中国城市规划学会常务理事、南京大学建筑与城市规划学院教授、南京大学空间规划研究中心主任、江苏省设计大师

资料来源：
城市规划.【"疫"路有我】张京祥｜以共同缔造重启社区自组织功能 [EB/OL].(2020-02-14) [2021-07-30]. https://mp.weixin.qq.com/s/Lo2yiRPsj43Zw4BHJdBhsg.

>>> "通过社区规划师重建社区自组织能力"

在非常态的极端条件下，社区却成为整个城市运转的核心单元，特别是在传染病暴发时分散隔离的防护要求下，统一化的、高密度的集中空间布局模式暴露出了诸多弊端，积累了巨大的社会风险。因此，需要大幅提升城乡社区治理能力，赋予社区一定的事权，号召全面铺开社区规划师制度，通过社区规划师重建社区自组织能力，定期演练极端条件下的社区运作。当前的城乡治理结构是"椭圆型治理结构"，中间层管理力量集中，基础管理力量薄弱，在极端条件下中间层无法快速向基层下沉，上层社会管控与物资调配难以快速在底层实施，未来应向"金字塔型治理结构"转变，强化社区基层的管控能力，并为持续的治理层级流动创造空间。

李志刚
中国城市规划学会理事、武汉大学城市设计学院院长、教授、博士生导师

资料来源：
城市规划.李志刚 肖扬 陈宏胜｜加强兼容极端条件的社区规划实践与理论探索 [EB/OL].(2020-02-16) [2021-07-30]. https://mp.weixin.qq.com/s/5q-i_KKeVbr4t9gbUd7T1Q.

>>> "通过有效治理建立'公共健康单元'"

在社区层面可基于"15分钟社区生活圈"划定"公共健康单元"。根据人口规模，公共健康单元可覆盖一个或多个生活圈，并对两大类的健康设施和服务有所考虑：一是针对日常健康，防治慢性非传染性疾病，以促进体力活动和社会交往为主要目的，优化居民生活方式；二是针对疫情应急，在传染病暴发等突发公共卫生事件中能够及时和有序应对，以提供疫情期间的预防、隔离、治疗和援助为主要目的。公共卫生单元从两大类疾病出发，开展空间相关的健康促进和应急措施。

王兰
同济大学建筑与城市规划学院教授、博士生导师、健康城市实验室主任

资料来源：
城市规划.【规划治疫】王兰｜建构"公共健康单元"为核心的健康城市治理系统 [EB/OL].(2020-02-21) [2021-07-30]. https://mp.weixin.qq.ccm/s/FE8-VcV3Q0Jx1ij82oc5zg.

我国基层社区治理制度创新——网格化管理

随着社区治理精细化程度的提升，近年来网格化管理逐渐成为社区基层治理的重要支撑。目前我国现行网格划分模式基本稳定，按照面积（北京 10000m², 即100m×100m）或人口（各地，300户、200~500户、150户不等）划分，并且以"一格一员""一格多员"管理为主。

各地网格化治理实践

地区	模式	内容
北京市东城区	双轴化管理	东城区以万平方米为单位，将17个街道、205个社区划分为592个基础网格和2322个单元网格。在基础网格内配置网格管理员、网格助理员、网格警员、网格督导员、网格党支部书记、网格司法工作者和网格消防员七种管理力量，形成"一格多员、一员多能、一岗多责"的"7+X"力量配置模式。
舟山市	网格化管理 组团式服务	渔农村一般将100~150户家庭划分为一个网格，城市网格所含户数适量放宽。流动人口聚集区域建立"新居民网格"，在个体工商户聚集区域建立"商户网格"，在企业聚集区域建立"企业网格"，按照因地制宜的网格划分标准在全市范围组建了6~8人的管理服务团队和党小组团队。
宜昌市	"一本三化"	以人为本，网格化管理、信息化支撑、全程化服务的"一本三化"。以300户为基准将城市区域划分成1421个网格，农村以村民小组为基础划分为9579个网格，并实行"一格一员"制度。建立在以劳动合同为基础的网格人事管理制度上，通过市、区两级政府直接向招录在岗的网格管理员购买社会工作服务的方式实现。
佛山市南海区	城乡一体化 社区网格化治理	合理划分社区网格：根据地域面积、地理界线、人口密度、区域特点和管理习惯等因素，将网格按照住宅区、商业区、工业区和混合区等类别进行划分。原则上住宅区按照200~500户设置一个网格。各个试点社区由于地域面积和人口密度差异较大，在网格设置上呈现出了不同特点。较大的网格有1000多户，较小的网格约有300户。

关于社区治理的组织架构设计

社区的组织结构，是指由政府机构、社会组织、企事业单位和居民等多主体构成的治理结构。良好的基层组织设计有利于提升居民的集体意识，在空间改造、服务组织、社区公共生活等方面发挥居民主角担当。

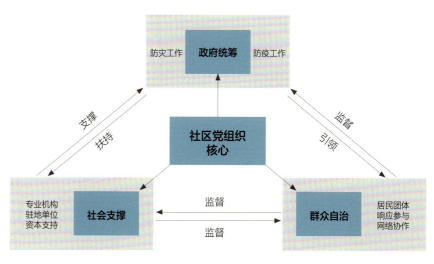

社区治理组织架构设计示意图

重回熟人社区：探索"安康邻里"模式

新冠肺炎疫情过后让我们更加期待熟人社区回归

2020年新冠肺炎疫情发生之后，武汉市围绕城市社区服务与治理现状，对全市63个社区、13km²、38万人进行了两轮调研。调研结果表明：疫情最严重的21个社区36%没有正规的物业管理，社区管理水平较差；社区规模偏大，社区网格员人均服务人口普遍达到500户、1000人以上。

"邻里"概念由来已久。追溯历史，"邻里"概念诞生之始即根植于熟人社会，生活联系紧密，遇灾难靠众志成城以避祸，遇诉讼靠族长乡绅来仲裁，实行基层伦理治理（孔子所谓"邻里"）。然而，随着城市治理模式的转变，"邻里"似乎只剩下地理毗邻、现代治理的涵义。

当城市面对突发重大安全事件时，快节奏、广域互联的城市生活被踩下刹车，人群被迫重新回归邻里空间尺度聚居生活。有边界感的空间隔离让人们比以往任何时候，更加期待家门口"熟人社会"的回归。与此同时，从社区治理角度，合适的邻里尺度将激发基层自治，减少治理成本、提高治理效能。因此，围绕营建特殊时期更具发展韧性的健康社区，从熟人社会交往需求出发，探索一种组织灵活、规模适宜、管理高效的"安康邻里"模式，符合当前的发展需求与公众期待。

"安康邻里"模式特点

01 更灵活的组织模式
具体情况具体分析，空间划分标准是有弹性的、非一刀切；既有地区和新建地区均可应用推广。

02 更全面的治理内涵
城市更新和社区治理的基础单元；平战转换，集日常维护、防疫抗灾于一体；与网格化治理、物业管理衔接；推动共建共治共享社会治理格局的抓手。

03 更紧密的社会网络
基于居民感情、认知等要素构建，鼓励居民守望相助、相互帮扶；满足人民群众对美好生活的追求，增强获得感、幸福感、安全感。

参考文献：
盛洪涛，周强，汪勰，卫东. 新冠疫情考验下的武汉社区治理新思考[J]. 城市规划，2020,44(9):9-12, 21.

重庆的熟人社区氛围

"安康邻里"模式构建：规模、服务与自治

适宜的空间规模：构建"相识型邻里"单元

- 罗宾·邓巴认为，人类智力允许人类拥有稳定社交网络的人数是148人。四舍五入大约是150人，这就是著名的"邓巴数字"。
- 亚历山大指出，居民易识别的邻里范围，直径不超过274m（即面积6hm² 左右）；居民不超过400~500人；8~12户住宅围成一个向心的空间，彼此了解程度最深，表现出邻里间较强的社会内聚力；当相识范围扩大到50~100户时，邻里间的交往将迅速减少，彼此将仅知道容貌、姓名而甚少了解。
- 扬·盖尔认为，达到较亲密邻里关系的邻里组团规模在15~30户为宜。
- 芦原义信认为，给人舒适亲密感觉的外部空间的广度为70~80英尺 (24.384m)，另外，人作为步行者活动时，一般心情愉快的步行距离为300m，超过它时，根据天气情况而希望乘坐交通工具的距离为500m。
- 李道增指出，居民们建立亲密关系的不超过3~5户，建立认识关系的不超过25户左右，不熟悉但见面认识的不超过100户。

邓巴的社交关系分级，5、15人为最紧密的朋友圈，35、150人为好友圈，超过150的朋友关系便会非常不稳定，难以长期维系

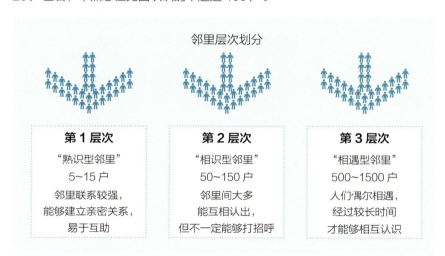

街区型住区的结构层次是在邻里关系建构的基础之上进行划分的，形成所谓新三级结构："基本邻里－邻里社区－居住社区"。邻里层次应为三个：第1邻里层次在5~10户，有利于邻里间的交往、熟识，易于互助；第2邻里层次在50~150户，邻里间大多能互相认出，但不一定能够打招呼；第3邻里层次在500~1500户，人们偶尔相遇，经过较长时间才能够相互认可。同质居住的范围限定在"相识型邻里"(50~150户)内比较适宜。因此，新型熟人社区的空间规模可为：100~150m街区内，2~3个"相识型邻里"构成200~300户、500~1000人的新型邻里单元。

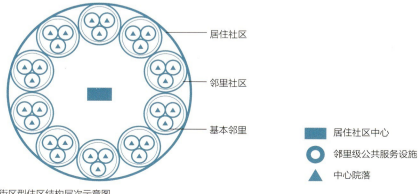

街区型住区结构层次示意图

适度的配套服务：提高公共服务供给韧性

突发公共卫生事件让城市居民日常活动半径缩减，社区成为提供基本城市公共服务的最后一道网络。全封闭状态下的社区服务要兼顾居民网购投递、商超配送、医药购买、水电气缴费等服务，保障居民最起码的"吃饭""吃药"要求。因此，根据设施需求程度、服务半径、街区尺度的差异，在特殊时期安康邻里配套服务设施可存在以下两种配建方式。

"小街区、密路网"住区

该类住区多以 120~150m 街区尺度为主，一个街区恰好构成一个邻里单元。以街区为单位配建一处"配送设施点 + 应急监控点"，满足居民网购投递、商超配送、医药购买等需求，并可应对战时转换。多个邻里单元则共享小学、幼儿园、大型超市、医院等设施。

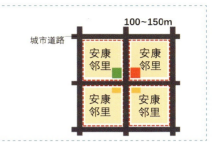

"宽街廓、大马路"住区

宽街廓大马路模式下的新建住区规模以 200m×300m、300m×300m 为主，一个街区由小区内部道路切分为 4~6 个邻里单元，建议以 100~150m 间距划分内部道路。以邻里为单位配建一处"配送设施点 + 应急监控点"，满足居民网购投递、商超配送、医药购买等需求，并可应对战时转换。一个住区配置一个幼儿园，多个住区配置小学、大型超市、医院等设施。

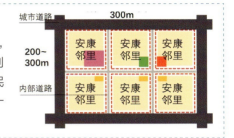

灵活的自治网络：应对特殊时期的封闭需求

疫情时期城市防控呈现"大封闭，小开放"的特点。结合安康邻里基本空间单元，最大程度发挥群众参与的自治网络构建包括以下两方面措施：一是重新划分基层治理网格单元、增配网格管理员，畅通自上而下的治理渠道；二是充分发挥现代化、群众化手段，通过微信群、邻里坊、议事会、综合管理智能平台等进行监管，鼓励居民自治。

新冠肺炎疫情暴发后的上海基层社区防控

上海基层社区疫情防疫

2020 年 1 月，国内新冠肺炎疫情形势严峻，全国各大城市将基层社区作为防控的一线阵地。上海基层所有社区实行封闭式管理，非小区居民不得入内，要求居民尽量少出门并配发小区自制出入证。发动小区楼组长、社工和居民临时组成防御小组，一起参与查找社区疫情防控中的漏洞或空白点。实现社区风险识别和感知全覆盖、全监控，实现社区疫情情况实时传达、防控措施及时有效，减少风险传播，提升上海市基层社区的组织韧性。

新冠肺炎疫情期间社区生活需求调查

□ 黄健美 徐磊青 同济大学社区应急保障服务课题组

2020年2月，全国疫情防控进入关键时期，同济大学社区应急保障服务课题组针对疫情下社区居民的生活保障服务进行了全国范围调查，了解社区服务与公共设施对居民防疫生活的支撑作用。本次调查采取线上问卷的形式，被访问30884次，筛选出有效问卷6019份，覆盖全国34个省级行政区。

疫情期间，生活物资采购成为居民最迫切的需求之一。特殊时期被改变的生活方式与心理需求，让人们对家门口的消费服务设施也有了新的期待。

保障防疫物资供给充足是建立全社会公共卫生安全防护网的底线。相较平常时期，疫情期间居家隔离的居民需要更多元的防疫物资采购渠道。

疫情可怕，却也阻挡不了大家出门采购的脚步，但采购还方便吗？

超过一半的问卷参与者认为外出采购不方便，而限制外出和店面关门是造成不方便的主要原因。

拿起手中的"武器"，全副武装，抗疫防疫！

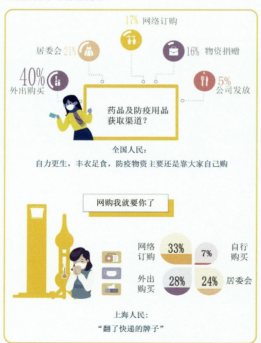

药店和医院依旧是物资的主力，网购也出了一份力。上海人民差点儿又翻了快递的牌子。

疫情阻挡不了大家生活的步伐，便利店、药店、生鲜超市、水果店、社区超市、菜市场等生活配套设施被大家所期待。

出乎意外的是，大多数人仍依赖个人外出购买生活物资，网购也成为维持生活的重要途径，囤货成为新宠。

当然部分因医疗物资短缺没能买到的人对此心生不满，84%人群认为现阶段可以做得更好。

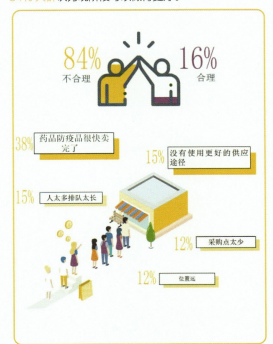

社区医院和药店，一跃成为大众群体主要的诉求对象，医疗工作者却对综合医院不离不弃。

尽管疫情期间被"禁足"在家，但依然阻挡不了居民靠运动强身健体的热情。

居家怎么能少得了快递？
快递也是另外一种锻炼方式！

为了尽可能给大家锻炼的空间，大部分快递点位被设置于**小区门口**领取。

喂您好，您的外卖到了。哦不，是您的快递

上海人民：网购，我还要你

28% 的上海人，2~3天收快递一次，还是翻了快递的牌子，只有5%的上海人不收快递。
而全国人民30%不收快递，20%的人2周以上收一次。2~3天收一次的仅占 **9%**

在全社会的抗疫战争中，基层社区服务成为最基础、最有力的抗疫力量。

大家对社区服务站的需求都较高，物业管理、居委会、居民自身防疫意识，被认为是防疫的三大主力。

50% 居民自身防范意识
48% 物业管理
38% 居委会

66.8%的问卷参与者对社区服务站的需求都较高。物业管理、居委会、居民自身防疫意识，被认为是防疫的三大主力。

66.8%

此外，社群疫情公开和消毒是大家最为重视的保障服务，老年人看护、慢性病看护等也受到关注。

心理咨询
22% 疫情公开
儿童幼托
线上教育
慢性病患者关照
16% 消毒
老年人看护
网购
预约办事

城镇化 | Urbanisation

全民运动从"家"做起。
家成了新的运动场，邻里和谐也成了新议题。

出门倒垃圾也成为另类的锻炼方式。

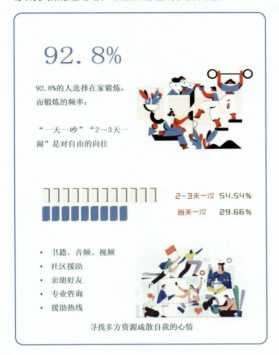

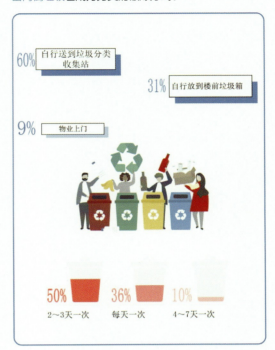

家门口该配套什么样的生活保障设施成为疫情下居民最热烈的讨论话题之一。

大多数群体都认为商务服务是最为重要的生活保障设施，
但社区工作者和医疗工作者对此却有不同看法。

商业设施中大家最看重菜市场和生鲜超市，
在公共管理设施中，社区医院、门诊部是生活的保护神。

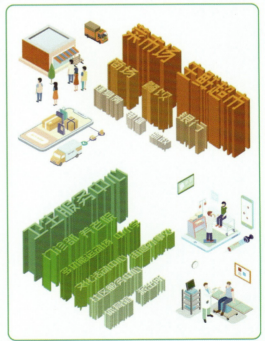

043

大众健康与城市安全治理

□ 整理 姚梓阳 巫天豪

现代城市作为一个多要素高度聚集的复杂社会系统，面临越来越多的不确定性挑战。在重大疫情来袭时，大众健康便成为城市安全治理的核心目标。从社会认知的角度来看，城市安全是一种相对的认知，本质上体现了一个社会或者社会成员在互动中对其生存环境的一种判断。只有当风险低于某种程度时，人们才认为是安全的。因此，城市安全是相对于城市风险而言的。

城市风险是指城市居民不希望发生的事件的发生可能性及其后果，当风险在一定条件下显化时，就成为突发公共事件，因此，城市风险是突发公共事件的源头。城市风险多种多样，既有传统的自然灾害、传染病、火灾等，也有核电站泄漏、网络攻击等新技术发展带来的新兴风险；既有小概率、难预测的"黑天鹅"事件，也有大概率、可预测的"灰犀牛"事件。

风险是一个概率性的事件。根据概率论的基本原理，只有无限小的概率，没有"零"概率，这就意味着，追求"零"风险，也就是追求绝对的、百分之一百的安全，在理论上是不可能的，如任何一个大城市都不具备完全充足的医疗资源应对一场传染病的大流行。因此，城市安全治理水平的提升需要对城市风险进行管控，并统筹安排各项事务。

图片来源：
[1]M4H+.Merwe-Vierhavens concept study [EB/OL].(2020-01-01)[2021-07-30]. http://www.1010au.net/projects/m4h.
[2]Rijkswaterstaat.Ruimte voor de rivieren[EB/OL].(2018-06-01)[2021-07-30]. https://www.rijkswaterstaat.nl/water/waterbeheer/bescherming-tegen-het-water/maatregelen-om-overstromingen-te-voorkomen/ruimte-voor-de-rivieren/index.aspx.
[3] 日本华人信息网. 东京首都圈发生直下型地震时, 会有发生海啸吗？[EB/OL].(2021-03-23)[2021-07-30]. https://mp.weixin.qq.com/s/AjR7mOSX-6tJF8VIJAk0bg.

城镇化 | Urbanisation

基础设施日常维护

农贸市场环境卫生整治

开展避灾宣传教育

与自然共生

提高生活物资供给流通性

与病毒共存

发布灾害风险地图

自适应 Self-adaptation

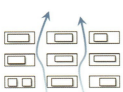建设通风廊道

适量冗余建设

制定应急预案

保持地摊的烟火气

保障生命线安全运行

种植健康食物

045

城市免疫力分级：从防御性、脆弱性到韧性

西安城墙

图片来源：
西安信息网.西安市标志性建筑你知道几个？[EB/OL].
(2017-04-24)[2021-07-30]. https://m.sohu.com/
a/136099580_402878.

重庆防空洞

图片来源：
巴渝风景线.重庆的"地下王国"：遍布市中区地底深处，
有一个庞大隐秘的世界[EB/OL].(2021-06-06)[2021-07-
30]. https://www.sohu.com/a/470754291_120083964.

防御性城市：采用规避与防御策略，阻挡外部风险因素靠近城市

《礼记·礼运》中记载，"城，郭也，都邑之地，筑此以资保障也。""筑城以卫君，造郭以卫民。"早期的"城"是为了抵御外部风险而建立的防御体系，是由城墙、护城河等防御设施"围"起来的一个封闭空间。防御性城市将面临的威胁（如自然灾害、敌人入侵）定义为外部危险源，采取防御性设施以建立城市与外部危险源之间的"空间阻隔"，从而确保城市处于安全状态。

但是，仅仅考虑"防御性"策略不能有效地解释为何处于同样时空状态、采取同样的防御策略的两个城市在面临同样外部风险因素的条件下，遭受的破坏性后果却可能有重大差异。如唐山大地震时唐山市与青龙县之间破坏性后果存在巨大差异。因此，基于外部危险源的防御性城市安全治理理论必须转变视角，从城市内部寻求安全困境的解释。由此，脆弱性城市成为城市安全治理的新视角。

脆弱性城市：采用加固与备份策略，降低城市内部要素的易损性

脆弱性首先由英国学者奥克夫等人在《揭开自然灾害的"自然"面纱》一文中提出。奥克夫等人认为，人类面临的自然灾害并不是由自然因素导致的，而是人类社会自身具有的不利的社会经济条件导致的脆弱性，使得人类在自然事件面前具有易受伤害的特征。脆弱性视角将城市安全治理的研究转向城市内部，即从城市作为承灾体自身的因素出发研究城市面临的风险来源及管理策略。

脆弱性城市相信依赖于科学和技术城市管理者可以有效地识别风险、抵御风险，从而降低城市的脆弱性来实现城市安全。在此视角下，运用工程法则，通过控制性手段（如加固城市建筑、提高安全标准、建设防灾减灾工程、将外部威胁集中到特定区域管控）可以不断地提高安全标准以抵御外部风险，使得城市"固若金汤"。

脆弱性的概念来源于地理学和工程学，两者都通过"确定性"来寻求平衡和稳定。但是，现代社会面临的"不确定性"是不以人的意志为转移的，任何城市本质上都不是"安全无忧"的城市。城市不应该是、也不可能建成固若金汤的"堡垒"，"韧性城市"（Resilient City）的视角逐渐被城市安全治理所广泛接受和采纳。

城市安全治理的不同视角

	理论视角	思想基础	认知基础	威胁来源
防御性城市		顺应自然	部分可知	自然灾害与外部入侵
脆弱性城市		工程学	可知	外部威胁与内部要素易损性
韧性城市		生态系统论	不可知	不确定性系统不适应

韧性城市：采用适应、调整与改进策略，与不确定性共存共生

"韧性"一词起源于拉丁语"resilio"，其本意是"回复到原始状态"。1973年加拿大生态学家霍林首次将韧性的思想应用到系统生态学，随后不同学科的学者在生态韧性、工程韧性、经济韧性和社会韧性等领域开展了相关研究。

学界对韧性理念的认识角度存在差异，但基本形成了以下共识：韧性城市强调吸收外界冲击和扰动的能力、通过学习和再组织恢复原状态或达到新平衡态的能力。韧性城市是以综合系统的视角，应对风险和危机的新思路。

韧性城市追求城市与外部不确定之间的适应、共生。韧性城市强调城市安全威胁不在于风险来源、风险规模和破坏性后果，关键在于城市作为一个复杂的社会系统是否能够利用和适应不确定性，并能够通过自身的转变实现与内外部扰动的共生和动态平衡。基于韧性城市的城市安全治理以"适应"为核心目标，是一种典型的"权变管理"模式。在这种"权变管理"模式下，因地制宜、开放决策、参与式管理、跟踪调整是城市安全治理的核心逻辑。韧性城市的安全治理策略以实现城市社会与自然系统、城市规划与长期发展、个体与集体之间的动态平衡为目标，在不确定的情境中寻求城市生存和发展的机会。

面对公共安全风险，城市不应局限于单一空间系统的规划调控，或是单一风险的防控，更应反思和注重城市韧性的提升。在越发复杂的城市巨系统中，需要以复杂性为切入点剖析系统运作的本质规律，探索提升城市多元主体自组织和自适应的途径。现代城市管理应该重构安全治理体系，抛弃传统的规避、抵御和控制策略，以利用和适应不确定性作为城市安全治理的核心内容，通过韧性城市建设实现城市与外部环境的动态平衡。

国际韧性联盟认为"韧性"具有三个本质特征：
（1）自控制：系统能够承受一系列改变并且仍然保持功能和结构的控制力；
（2）自组织：系统有能力进行自组织；
（3）自适应：系统有建立和促进学习、自适应的能力。

韧性理论代表观点

韧性理论	韧性定义	理论基础
能力恢复说	基础设施从扰动中复原或抵抗外来冲击的能力	工程韧性
扰动说	社会系统在保持相同状态前提下，所能吸收外界扰动的总量	生态学思维
系统说	吸收扰动量、自我组织能力、自我学习能力	生态学思维
适应能力说	社会生态系统持续不断的调整能力、动态适应和改变的能力	演进韧性理论、系统论

治理目标	治理模式	核心策略	示意图
远离	集中管理	规避与防御	面临风险 → 加强防御
强化	控制与分散	加固与备份	识别风险 → 加固设施
共存	权变管理	利用、适应与转变	预先准备 → 抵御与吸收；响应与适应 → 快速恢复

资料来源：
[1] 高恩新. 防御性、脆弱性与韧性：城市安全管理的三重变奏 [J]. 中国行政管理, 2016(11):105-110.
[2] 李鑫. 什么是"韧性城市"?[EB/OL].(2019-07-10)[2021-07-30]..https://mp.weixin.qq.com/s/lK5Q9E1uL_t5VjYP3tu7iw.

自控制——面对突发事件冲击，仍能维持城市基本功能的运转

外来冲击

传统城市
系统破损

外来冲击

韧性城市
维持基本功能

自控制是指城市系统在遭受重创和改变的情形下，依然能在一定时期内维持基本功能的运转。系统通常具有冗余性的特征，具备一定的超过自身需求的能力，并保持一定程度的功能重叠以防止全盘失效。同时，系统的多样性在危机之下带来更多解决问题的可能，提高系统抵御多种威胁的能力。

适应不确定性：战略留白与弹性设计

韧性城市要求城市建设和管理要以不确定性为导向、以适应性为目的来对城市的未来做出指导，使城市空间功能互补、适应不确定性和具备调整能力。

战略留白和弹性设计是提升城市韧性的重要手段。战略留白用地可用作蓄滞洪区，防护隔离绿地，物资生产与储备、分配用地等，为优化提升城市功能提供保障，为城市重大基础设施、公共服务设施和应对重大公共安全问题预留空间，以应对不时之需。雅各布斯在《美国大城市的死与生》中提到城市功能的混合、小街区设计以及城市多样性在城市安全和可持续发展中的重要性。在城市规划的过程中，不用过度强调城市的分区功能，防止过度的功能分割破坏了城市的有机组合和相互支持。弹性设计一方面要按照平灾（疫）结合、功能兼容的原则调整相关设施规划技术标准和规范，满足体育场馆、会展中心等设施及附属空间改造为如方舱医院时的应急功能需要，完善公园绿地兼容应急避难和生态隔离等多重功能。另一方面各类基础设施应进行适量冗余建设，给工程建设标准一定"余量"，如供水、排水管的管径，如果在按日常使用需求计算得出的管径上适当放大，那么就有可能在灾情发生时为更多人服务。大城市如果有备用水源，某个水源被污染时就可启用另一个，城市就不会停摆。

实地留白用地
即地上无建筑物、构筑物的用地

管控措施：实施临时绿化并挂牌公示，"以绿看地"，严格管控。

规划留白用地
即地上存在建筑物、构筑物的用地

管控措施：除用于保障"七有""五性"民生需求外，不得随意改变用途或进行改扩建；违法建设予以严厉打击，并纳入拆违计划限期拆除。

战略留白用地分类管控示意图
资料来源：
北京规划自然资源. 北京战略留白用地出新规，为长远发展留余地[EB/OL].(2020-04-14)[2021-07-30]. https://mp.weixin.qq.com/s/ffBGBuj2RMRXxCF7qHfkew.

《北京市战略留白用地管理办法》

2020年4月，北京市人民政府印发了《北京市战略留白用地管理办法》。

一、什么是战略留白？

北京市在编制各区分区规划（国土空间规划）时，在全市2760km²城乡建设用地范围内统筹划定了约132km²战略留白用地，实施城乡建设用地与建筑规模双控，原则上2035年前不予启用。

二、《北京市战略留白用地管理办法》有哪些主要内容？

1. 保持总量平衡，原则上战略留白用地只增不减

各区政府、开发区管委会应加强战略留白用地管理，2035年前保持总量不减少。鼓励各区政府、开发区管委会增加战略留白用地规模，将"疏解整治促提升"专项行动腾退等用地中短期内无明确实施计划的地块，及时划入战略留白用地。

2. 严格现状管控，原则上现状地上建筑只减不增

各区政府、开发区管委会应根据战略留白用地内建筑物、构筑物情况，按实地留白用地和规划留白用地加强分类管控。

3. 加强规划留白用地腾退，有计划实现实地留白

各区政府、开发区管委会应对战略留白用地内建筑物、构筑物及相关抵押贷款情况进行调查摸底、分析评估，制定分类清理方案，纳入国土空间近期规划和年度实施计划，有序组织实施，2035年前实现实地留白，做到"地上物清零"和"零成本"持有。

4. 持续优化空间布局，逐步引导实现集中连片

鼓励各区政府、开发区管委会按照总量不减少、布局更优化、用地条件更合理的原则，通过用地置换的方式，逐步实现战略留白用地集中连片分布。

鼓励各区政府、开发区管委会将减量腾退后的非建设用地与战略留白用地统筹规划、调整布局，将战略留白用地向更具区位优势的区域集中，原匹配的建筑规模指标与战略留白用地捆绑使用。

维系日常生活：基本物资供给与保障

面对突发事件，日常生活所需的食物、药品、生活必需品的供给和配送如何保障，是应急预案和实践的重要组成部分。张文宏医生曾形容上海的防疫工作是"陶瓷店里抓老鼠"，一语道破了常态化防控之难。难在既要果断采取措施阻断疫情传播，又要小心翼翼尽量减少对公众日常生活的影响。如何有序隔离的同时保障民众的日常生活，都需将举措落在实处，要真正把百姓生活放在心上。

一方面，对于米面粮油、肉禽蛋奶等食物，可以按照每户若干天需求量供应"蔬菜包""粮食包"等配送到户。药品、婴幼儿用品等其他生活必需品，居民可线上自行购买或与社区联系代购，由社区或志愿者及时转送到户。

另一方面，要进一步加强与市民日常生活息息相关的日常管理。如基础设施的日常维护、隐患排除、老化设施更新，再如对农贸市场等环境卫生整治，消除卫生死角。在这过程中应注意维持经济韧性、加强人性化管理，保持地摊等非正规经济人间的烟火气。在突发事件期间，可以通过"马路市场"等灵活方式，保障市民的基本生活。

此外，也要做好关爱服务。加强对失能或独居老人、留守老人和留守儿童、散居孤儿、困境儿童、残疾人、特殊困难群体以及低收入家庭的关心、关爱，做好生活保障、情感抚慰等工作。对孕产妇、血透病人、心血管疾病急救等特殊医疗需求者，及时提供看病就医应急保障服务。

湖北省荆州市公安县关山社区向居民发放"免费蔬菜包"

图片来源：
房陵在线."免费蔬菜包"是如何发放到户的？[EB/OL]. (2020-03-09)[2021-07-30] https://m.sohu.com/a/378714055_477842.

黄石市"马路市场"：临危受命的"特殊生活圈"

面对疫情防控与物质保障的双重压力，在数个大型商超均有销售人员确诊的情况下，湖北省黄石市于2020年2月5日至2月18日期间，全面开放"马路市场"。

回顾这一为期14天的过渡性政策，其基于疫情防控要求，为规避疾病传播风险，采取了一系列调整举措，较有效地缓解了"封城"后的生活基本物资供给压力，获得了不少市民的好评。这些举措可归为以下四点。

（1）加强摊贩管理，市场定期消杀。对商贩统一管理，监控其健康情况，限制商贩定点贩卖；规定每名卖菜摊主必须戴口罩和手套；每日分上午、下午对摊主测温两次；每日市场交易结束后进行清扫保洁与消毒。

（2）控制人员距离，妥善处置废弃物。规定卖菜摊位间间隔至少2m，避免飞沫传播；投放162个垃圾箱和"废弃口罩"专用收集容器，避免被病毒污染的废弃物造成二次污染。

（3）减少采购者逗留时间。在本地报刊、网络媒体和市场入口处公开各市场所售商品信息和价格，以便居民提前制定购物清单，选择出行路线，减少逗留时间；市场设有小广播循环播放，提醒市民采购物资后迅速离开市场。

（4）建立联合治理机制。在商务局的牵头下，城管局、市场监督管理局、农业局、交通局各尽其职。此外城管、公安、市场监督和社区人员组成联合队伍，对各"马路市场"进行日常巡查管理。

这些举措涵盖了新冠肺炎防控的三个环节，建立了清晰的合作式治理框架，各部门转变了过去以"取缔"为主的"马路市场"治理思路，较大程度上支撑了"马路市场"的良好运营。

然而黄石市"马路市场"的运营并非一帆风顺。2月16日上午，黄石市中心永安里马路市场因政令传达不当出现了抢购生活物资、短期内人员聚集购物的情况，相关责任人被问责。参考国内外相关案例，反思此次"马路市场"实践，在市场选址方面，应分级规划、科学选址；在病毒传播路径的阻断方面，应进一步减少顾客与摊贩的接触；在易感人群的保护方面，应严格控制市场内采购人员数量。

职能部门此次临时性"马路市场"规划的具体工作任务分工	
部门	具体工作内容
商务局	规划"马路市场"临时选址、确定边界 农产品调度 安全把控
城管局	设定空间和时间准则 制作空间布点导图、建设宣传、辅助教导摊贩工作 增设垃圾箱、废弃口罩专用收集容器 管理市场的经营秩序、日常保洁、垃圾清运 组织进行集中消杀
市场监督管理局	食品安全抽查，并提高抽查频率 打击假冒伪劣产品，稳定物价 与摊贩、个体经营户沟通对接 与社区一起组织专业公司，进行每日两次及以上消杀工作 监督经营者和相关人员佩戴口罩
农业局	负责蔬菜等农副食品安全
交通局	发放食物运输车辆通行证 市区内交通管制

资料来源：
[1] 陈煊, 杨婕. 马路市场规划——湖北黄石疫区临危受命的"特殊生活圈"[EB/OL].(2020-02-14)[2021-07-30]. https://mp.weixin.qq.com/s/aiyETM63Pq6aHPPs9JgjUg.
[2] 胡淼. 疫情防控时期的生活物资供给——开放马路菜场的优势、风险与经验[EB/OL].(2020-02-20)[2021-07-30]. https://mp.weixin.qq.com/s/s4LyjnCCnJLyYkyOWEmrNg.

自组织——保持系统内部动态平衡，较快恢复城市功能的正常运作

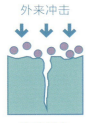

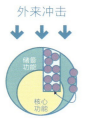

自组织指系统内部保持动态平衡，各组成部分之间的相互作用和联系强而有力，表现为系统能够自主调配资源抵抗和应对内部、外部冲击，保证核心功能不受损伤。在应灾的全过程中各主体能够及时履行职能、充分发挥能动性，保证较快恢复城市功能的正常运作。

夯实生命线工程，保障关键要素流动

"生命线工程"主要是指维持城市生存功能系统的、对国民生计有重大影响的工程，包括交通、通信、供电、供水、供气、卫生、消防等领域。夯实生命线工程，是城市应对突发事件不定期侵袭的基础保障。一方面，要编织立体化监测网络，对生命线工程进行系统的监测和预警，提升生命线安全运行保障能力；另一方面，要加强对生命线工程应急预案和快速恢复预案的制定与演练，保障关键要素的流动，提升生命线快速恢复运行的能力。

自助－互助－公助，提高公众自救能力

突发事件的应对并非全部是政府的责任。要实现城市的韧性，需要居民的"自助""互助"和政府的"公助"三管齐下。对于政府而言，应面向大众发布详尽的灾害风险地图，提供便捷、易理解的灾害信息，并开展宣传教育，确保居民掌握避难的必要知识，提高自主避难的能力。同时，还应加强居民之间的交流活动，发挥社会组织在防灾减灾过程中的积极作用，确保灾害发生时居民之间的协作，通过互助强化灾害应对能力。

合肥市城市生命线安全工程体系

合肥市通过整体监测、动态体检、早期预警、高效应对，探索了以场景应用为依托、以智慧防控为导向、以创新驱动为内核、以市场运作为抓手的城市生命线安全工程"合肥模式"。

目前，合肥市已布设 100 多种、8.5 万套前端监测设备，实时监测 51 座桥梁、822km 燃气管网、760km 供水管网、254km 排水管网、201km 热力管网、14km 中水管网、58km 综合管廊，打造监测感知"一张网"，以"一张图"形式立体呈现城市生命线运行状态。

城市生命线安全工程投用以来，平均每天处理数据 500 亿条，每月推送报警信息 92.8 条，已成功预警燃气管道泄漏 216 起、供水管网泄漏 64 起、水厂泵站运行异常 45 起、重型车辆超载 4705 起，推动城市安全运行管理"从看不见向看得见、从事后调查处理向事前事中预警、从被动应对向主动防控"转变。

资料来源：
中国应急管理报.[推动城市安全发展]城市生命线安全工程"合肥模式"[EB/OL].(2021-09-27)[2021-10-30]. https://www.mem.gov.cn/xw/mtxx/202109/t20210927_399190.shtml.

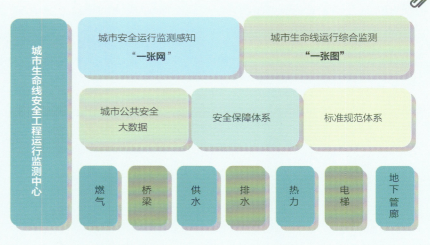

"1+2+3+N"城市生命线安全工程体系

合肥市城市生命线安全工程运行监测中心

供水管网检测智能球可在 25km 范围内将泄漏定位精度锁定在 2m 内

城镇化 | Urbanisation

防灾手册《东京防灾》

获得广泛认可的防灾手册——《东京防灾》总结了灾害的事前准备、灾害发生时的应对措施等，内容简单易懂，是一本根据东京情况制作的防灾手册。2015年9月1日开始，750万部《东京防灾》被免费发放到东京都内的各个家庭。

兼具专业性、可读性和操作性的最强指南——《东京防灾》以"立即就行动吧！"为宣传口号，全书共分为五章，介绍了不同情景下遇到地震等灾害应该采取的紧急应对方法和灾后恢复措施，并且在书中生动科普了日常生活中使用的应急技巧。此外，本书还按照年龄和灾难发生时所处的场所做出了相关内容索引。

兼顾"自助"和"共助"的平衡——《东京防灾》在一开始就明确提出，在灾难中应该把"保全自己和家人的安全"放在第一位。但全书也没有忽略人际互助在防灾中的作用。特别是在灾后的避难和重建中，各类组织应该如何行动，个人又应该如何尽最大的努力来帮助别人，都有详细列举。

🏠 市民防灾组织

自己的家园自己守护

为了使附近的人互相帮助、为了有效发挥用自己的力量来守护自己的家园这一地区防灾对策而组建的组织。通过以町会和自治会为单位的协作机关，以町会的防灾担当等为中心进行呼吁，结合各地区的实际情况建立、开展工作。通过参加组织，可增强地区的社区力量和防灾力量。

防灾互助组

在东京，作为地震的准备，将那些使每个人都保护好自己、附近的人互相帮助而举行积极的防灾活动的团体认定为"东京防灾互助组"。这些团体举行包括防灾专家在内的学习交流会和市民防灾组织的领导等为对象的研修会等，以期提高地区防灾能力。

地区防灾学习交流会

"地区防灾学习交流会"是指防灾专家来到你所在的城镇，进行对防灾有益的讲解和意见交换。如果在平常的町会会议和定期演练等的时候一起举办，就能轻松地学习到防灾知识。

《东京防灾》提出"自己的家园自己守护"，建立各类市民防灾组织

📷 防灾网络

平日里互相问候

灾害发生时，需要临近居民之间的帮助。也为了避免生活顺利进行，通过平日里的互相问候、参加街道居民组主办的防火防灾演练等，来扩大邻里之间的社交网络。

关于需要照料者

老年人、残疾人、疑难杂症患者、婴幼儿、孕产妇、外国人等不能迅速掌握信息或迅速避难。平日里了解附近有需要照料者的同时，在灾害发生时要协助民生委员等帮助需要照料者。

✏️ 试一下吧！"灾害图上的演练"

> 可以愉快地进行防灾教育

可以愉快地进行防灾教育。其中之一便是"灾害图上的演练"。取 Disaster（灾害）、Imagination（想象）、Game（游戏）的首字母，被称为"DIG"，是任何人都可以参加的防灾演练。具体方式是，**假设参与者生活的地区发生了大型灾害，大家一起考虑对应策略**。可以说是从孩子到大人都可以一起认真地、愉快地进行的防灾演练项目。这一演练的特征是使用大型地图、谁都可以以主人公身份积极参与。

通过使用地图交流、书写，人们能够了解自己的城镇中发生的灾害以及灾害应对中的薄弱环节、能够确认自己城镇的防灾水平。另外，**能够了解全地区、全城镇应对灾害时有组织地行动的重要性**。一定要和家属以及全地区的人一起挑战"DIG"、提高防灾意识，为紧要关头做准备。

挑战初级篇DIG
1. 将闹市区、山、平地、河流等的自然条件写进地图。
2. 确认地区结构、用不同颜色将铁路、道路、公园、防止火势蔓延的建筑物等写进地图。
3. 找到对防灾有正面影响的和有负面影响的设施以及设备，并做标记。
4. 以完成的地图为基础，商量地区防灾的情况吧。

《东京防灾》强调防灾演练和人际互助

资料来源：
[1] 东京都政府. 防灾手册《东京防灾》[EB/OL].(2015-09-01)[2021-10-30]. https://www.metro.tokyo.lg.jp/chinese/guide/bosai/index.html.
[2] 澎湃新闻. 占领日本人朋友圈的《东京防灾》是怎样一本小册子 [EB/OL].(2016-02-02)[2021-10-30]. https://www.thepaper.cn/newsDetail_forward_1428595.

自适应——从经验中学习和总结，更好地应对下一次突发事件

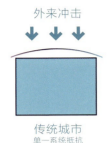

资料来源：
任超. 城市风环境评估与通风廊道规划——打造"呼吸城市" [M]. 北京：中国建筑工业出版社, 2016.

韧性城市具备从经验中学习、总结，增强自适应能力的特征。韧性城市系统通常为扁平系统，具有较强的灵活性和适应能力，可以选择性和针对性地削减外部冲击带来的损害——更好地应对下一次突发事件，"边做边学"，新经验不断被纳入适应能力中，从过去的干扰中学习，提升面对灾难的勇气与智慧。

对于城市规划和建设而言，一方面，要加强应对各类突发事件的宣传教育和善后处置；另一方面，要注重防灾设施、基础设施或城市的规划重建。此外在体制机制方面，要建立动态风险评估机制。

以香港为例，SARS之后，在公共卫生改善措施之外，香港特区政府和设计人员也意识到建筑环境品质和气候要素对市民健康及环境卫生的重要性，开始了长达十几年的改善城市规划和建筑设计的变革。

首先由香港特区政府行政长官挂帅成立全城清洁策划小组，2003年8月公布了《全城清洁策划小组报告——改善香港环境卫生措施》，提出三个方面的重点改善：①在建筑物设计方面重新审视和改善排水渠和通风系统的设计；②在城市设计方面提升城市规划，特别针对大型规划和发展项目开展空气流通评估，开设通风和景观廊；③在公共屋邨提供更多绿化和休闲用地。

随后香港特区政府推出多项有关城市气候与环境的顾问项目，颁布多项相关技术条例和设计指引，逐步将城市气候评估科学研究成果应用到城市规划、城市设计及建筑设计当中。

如香港特区政府规划署编制的《空气流通评估方法》提出要避免一字排开的屏风楼设计阻挡空气流通。对于大型建筑项目，不仅要考虑自身楼宇的通风需求，还要尽量减低对周边区域的风环境影响，确保整个街区的空气流通。目前香港涉及的新区规划、旧城改造都考虑了城市风环境评估、城市热岛效应、室外人体舒适度评估、通风廊道等。

此外，规划署还更新了《香港规划标准与准则 第11章：城市设计指引》，利用图示的方法向规划师、建筑师和普通大众介绍改善空气流通的设计措施。香港特区政府屋宇署编制了《APP151 优化建筑设计 缔造可持续建筑环境》及《APP152 可持续建筑设计指引》两个供专业人士使用的建筑设计指引。为配合实施该两项设计指引，香港特区政府发展局从2011年4月起将实施APP152作为审批豁免楼宇总面积10%的考虑条件，以鼓励私人开发商在实际楼宇开发项目中采取这些推荐的设计措施。

荷兰与水环境：从"抗争"到"共生"

荷兰国名中的"Netherland"，原意为"低洼之国"，这是因为其国土面积的一半都在海拔低于 1m 的位置，约 1/3 的国土面积甚至低于海平面，约有 20% 的地区是围海造田而成的。可以说这样一个地方天生就有潜在的海洪威胁。从 1980 年代开始，填海工程所引发的负面生态影响越发受到社会关注。荷兰意识到，为避免在人与自然极端对立时可能出现的致命之灾，光靠"堵"和"挡"还不行，必须重新审视"人"与"水"的关系。

荷兰海防岸线新旧模式对比		
模式	传统型海防体系	创新型海防体系
目标	综合性防洪，扩大农业生产和灾害控制	可持续性防洪，水体自然状态的保护与促进
观点	视水为"对手"	与水成为"盟友"
价值	单一防洪功能	防洪、生态、水资源和社会价值的综合提升
设计	硬式的人造固化结构	可变的、适度干预的生态间层结构
实施	技术工程导向	多学科交叉、公共参与

资料来源：
刘翔，张亚津 . 荷兰新型海防工程的探索 [J]. 国际城市规划 ,2020,35(6):153-157.

在"与水共生"（Building With Nature）的核心主题下，荷兰海防岸线逐渐由单一的防洪功能，逐渐走向城市安全、生态修复、娱乐休闲的复合功能。采用"能软就软，需硬就硬"的防洪指导新原则，提倡更多的自然海岸保护和尽可能少的硬质工程建设。通过自然的、动态的解决方式来塑造新的海陆关系，而不是固化的、僵硬的介入模式。制定政策的战略目的不限于"安全的国家"，而是在安全抵御的基础上，鼓励更复合型的"可持续性生态系统＋健康的社会系统"的共同提升。

2016 年荷兰政府发布《全国气候变化自适应战略》，此后编制了一系列雨洪灾害敏感区的项目规划。在 2017 年《三角洲项目》中，各类规划设计工具以导则与案例的形式形成知识共享平台。其中"气候自适应设计导则"针对不同城镇环境提出水利工程与城市设计技术导则，涵盖了堤坝多功能利用、气候自适应建筑、城市强降雨应对措施、城市热岛应对措施、雨洪生态措施、水循环与利用、雨洪防灾等维度。每一项导则在实现强降雨洪灾自适应、干旱自适应、热气候自适应、海河洪灾自适应、地下水问题自适应的目标上均有不同的功能参数。根据选择的不同空间自适应目标、土地利用类型、土壤类型、地貌类型、区域尺度、项目开发类型，系统将自动筛选最优解决方案与导则组合。如气候自适应建筑中，建筑不仅作为堤坝复合设计的一部分，更通过悬浮、防水、架空等方式应对城市强降雨和洪水入侵。

资料来源：
曹哲静 . 荷兰空间规划中水治理思路的转变与管理体系探究 [J]. 国际城市规划 ,2018,33(6):68-79.

未来说：病毒 VS 城市 进化进行时

整理 许景

城市的繁荣源自城市提供的种类繁多的工作和娱乐机会，以及无尽的商品和服务。如果对疾病的恐惧成为一种新的常态，那么城市的未来将变得乏味，甚至我们可能会迎接一个反乌托邦的未来。但是，如果城市能像过去面对灾难时那样，找到自我调整的方法，那么未来一定会迎来更伟大的时代。

全球视点

城市终将从病毒中幸存
Richard Florida

多伦多大学罗特曼管理学院教授，纽约大学研究员，CityLab 联合创始人，《创意阶层的崛起》《新城市危机》作者

自吉尔伽美什时代（约公元前27世纪）以来，城市一直是传染病的中心，而疫情总是会反弹，一次比一次凶猛。黑死病在中世纪摧毁了欧洲的城市，又在20世纪初席卷了亚洲的城市。1918年的西班牙流感夺去了全世界5000万人的生命，然而纽约、伦敦和巴黎都在这场流感之后变得更强大。历史告诉我们，城镇化向来都是比传染病更强大的力量。

疫情给了我们一个更好的机会重建家园
Robert Muggah

伊格拉佩研究所和 SecDev 集团的创始人，《未知之地：未来100年的100张生存地图》的作者，该书2020年8月由企鹅出版社出版

不少城市的市长已经在重新审视城市计划，以预防下一次流行病的发生。短期内，许多国家将引入大规模的检测和数字追踪技术，改造建筑物和公共空间以保持社交距离，并加强卫生系统以应对未来的威胁。这次疫情还加速影响了城市更深层、更长期的发展趋势，例如零售业的数字化，向无现金经济、远程工作和虚拟服务的转变，以及街道步行空间人性化改进，无人驾驶汽车和微型交通网络也可能变得越来越重要。

推动减少不平等的主导力量，增强城市及其居民的韧性
Maimunah Mohd Sharif

联合国人类住区规划署执行主任

新冠肺炎疫情的出现加剧了城市人口之间的差距。疫情将对世界上最脆弱的人群造成最严重的打击。没有住所，就无法遵守居家令。没有安全的避难所，无法获得基本的公共服务。疫情防控需要解决这些问题，并让所有城市居民都能享受到基本的公共服务，特别是医疗和住房。我永远是一个乐观主义者，我坚信，我们可以创造更美好的城市未来，不让任何人、任何地方掉队。

打造安全且弹性的都市
Janette Sadik Khan

彭博社负责人，曾于 2007～2013 年担任纽约市交通部专员

我们能否经受住这场大流行病的考验，其中很重要的一部分取决于政府是否会扩展公共服务投资，从而能更容易地应对下一次危机。我们所面临的挑战并非城市生与死的老生常谈，而是我们是否有想象力和远见来改造街道，打造一个安全且有弹性的都市。

我们必须重拾对高密度生活的信心
Dan Doctoroff

谷歌"人行道实验室"首席执行官，前纽约市副市长，分管经济和城市重建

大流行之后，随着对城市公共卫生和高人口密度生活的信心恢复，城市人口将逐步回升。但是，当人们回到城市——就像他们过去那样，我们必须实施新的政策和技术，使更多的人能够负担得起在城市的可持续生活。疫情过后，城市将比以往任何时候都更强大。届时，城市的复苏将受到一种新增长模式的推动，这种模式强调包容性、可持续性和经济发展机遇。

疫情不会改变城市发展路径
陆铭

上海交通大学教授、博士生导师，中国发展研究院执行院长

降低城市人口规模和密度不能有效防止疫情产生和传播，不应该用疫情来为反对城市化和高人口密度的城市背书。疫情不会改变城市发展路径，本次新冠肺炎疫情暴露了大城市发展过程中偏重经济建设、忽视公共服务和城市治理的短板。改善城市治理，加快中国户籍制度的改革，补齐短板，甚至会强化大城市发展的优势。

颠覆性技术驱动下的未来人居
龙瀛

清华大学建筑学院特别研究员、博士生导师，北京城市实验室（Beijing City Lab）创建人，中国城市科学研究会城市大数据专业委员会副主任委员兼秘书长

科技观在人居环境科学体系中的角色和作用不断演进。第四次工业革命带来的新兴颠覆性技术，相比 17 年前的 SARS 时期发生了巨大变化。目前我们正处于这场革命刚刚开始，但还远远没有结束的阶段，我非常看好这样的一个时代，相信这将给城市发展带来巨大的机会，让"城市"和"智慧"二者耦合，交错叠置到一起。

参考文献：
[1] 建日筑闻 .12 位各领域专家，预测疫情后的城市发展 [EB/OL].(2020-08-01)[2021-07-30].https://mp.weixin.qq.com/s/13w6SuK41OSNS69WQlqMyA.
[2] 上海交通大学中国发展研究院 . 疫情是否会改变城市发展路径？是否要发展大城市？[EB/OL].(2020-02-22)[2021-07-30]. https://mp.weixin.qq.com/s/hsYNiPdIZRsMSS-WcSVM2g.
[3] 龙瀛 . 颠覆性技术驱动下的未来人居——来自新城市科学和未来城市等视角 [J]. 建筑学报 ,2020(Z1):34-40.

后疫情时代城市发展路径的"变"与"不变"

复杂的城市系统随时可能迎接发生的各式各样的冲击与风险,后疫情时代应及时理顺未来城市发展路径的"变"与"不变";在战术上应"以变应变",及时转变策略增强自身韧性与应急能力;在战略上"以不变应万变",对于长期的发展趋势与规律应不忘初心始终坚守,促进未来城市的可持续发展。

面对短板 主动求变

转变城市应急管理机制

构建现代化的城市应急和风险管理体系,更加注重健康城市和韧性城市的建设,注重加强基层治理体制改革,完善社区(村)治理体系,增强城市管理"自下而上"的社会力量,实现城市的共建共享共治。

转变城市空间治理模式

将防灾理念融入城市群-城市-社区-建筑的多尺度空间规划和设计中,建构多尺度联动的防疫体系;在城市空间内部进行规划"留白",平时作为绿色开敞空间,应急时可随时建设临时医院或成为分流避难场所;加强人口流动空间的精细化监测和管控。

转变城市卫生服务体系

逐步形成"基层首诊、双向转诊、上下联动、急慢分治"的合理城乡就医秩序与服务体系。完善综合医院与社区医院联动的智慧医疗应急服务平台,推动医共体、医联体的建设,加快优质资源下沉。加强城乡基层社区垃圾、污水等人居环境整治,推进城乡农贸市场环境卫生管理及传染病防控。

转变城市交通组织模式

疫情期间为减少人员接触感染,定制公交、预约出行,以及无人配送车、配送无人机、配送机器人等大显身手。未来交通组织模式将进一步向共享化、智能化、低碳化转变,并应完善公共交通应对重大风险事件的防控机制。

转变城市日常生活方式

疫情加快了城市虚拟空间替代现实空间的速度,生活方式很大一部分转移到了线上。后疫情时代,这种变化很大一部分将会延续和升级,城市线上与线下融合的生活方式将会越来越明显。

面向未来 把握不变

以人为本的城市公平均衡发展理念

在疫情最严峻时刻，我国很多城市采取人口流动管制、企业停工、商业娱乐场所关闭等严格措施，尽管对经济影响巨大，但守护住了更多民众的健康，是对生命健康权的尊重；在疫情趋于稳定后，各个城市开始积极复工复产，优先稳就业保民生，是对生存发展权的尊重。

城镇化和城乡融合发展的趋势

不应因疫情易在大城市传播暴发，就质疑人口向大中城市集聚的城镇化路径。城市群与都市圈作为城镇化主要空间载体，大中小城市协调发展的城镇化发展路径不会变化。另一方面，随着全国各地户籍制度和土地制度改革的不断推进，城乡生产要素双向流动会趋向自由，城乡融合发展趋势不会变。

城市网络化与对外开放趋势

虽然城市人口的流动性在本次疫情中扮演了负面角色，但不能因噎废食。事实上，包括人口在内的城市流动性是推动城市不断发展的重要推力。历史规律的驱动下，未来城市间的联系会更加紧密：中国的门户城市将更多担当起全球城市的角色，其他城市间的联动耦合趋势也将越来越显著。

城市发展的创新智慧化趋势

疫情倒逼医疗、零售、卫生、教育等领域的技术、产品和模式快速适应性变革，为科技创新和产业创新提供契机。新一轮智能革命正如火如荼，未来十年，物联网、大数据、云计算、人工智能、5G通信、虚拟和增强现实等新技术将继续快速演替并普遍应用。未来城市的高度感知、万物互联、高度智能的特性将越来越明显。

城市发展的绿色健康化趋势

新冠肺炎疫情提升了人们对自身健康的关注，长期的居家生活增加了对户外自然环境的向往。未来城市将会更加积极地推进绿色的生产和消费方式，营造更加健康安全的人居环境，共建天蓝、地绿、水清的美丽中国，使城市不同阶层、不同年龄、不同居住空间的居民都能享受基本的健康福祉。

参考文献：
刘海猛. 后疫情时代城市发展路径的"变"与"不变"[J]. 中国发展观察, 2020(Z7):123-125.

螺旋上升的城市进化论

"历史常常是跳跃式地和曲折地前进的。"社会发展并非如航行在风平浪静、宽阔笔直的江河里的轮船，一帆风顺、平稳前行，而是呈现出波浪起伏、螺旋前进的态势；有直线的上升，也有曲线的迂回甚至一时的倒退，是一个蕴含着矛盾性的运动过程。从一万多年前古叙利亚的杰里科开始，人类就开始不遗余力地发展城市这种文明的产物。多年来，无数次瘟疫暴发于人口密集的大城市之中。尽管如此，人类并没有因此改变做大中心城市，进而提升其承载力、聚集力和容纳力的思路。大城市也一次次浴火重生。因为人类社会进步，主要源于不断进步的科学技术，而这些对于人类社会产生重大影响的科学技术，大多诞生于大城市、特大城市中。

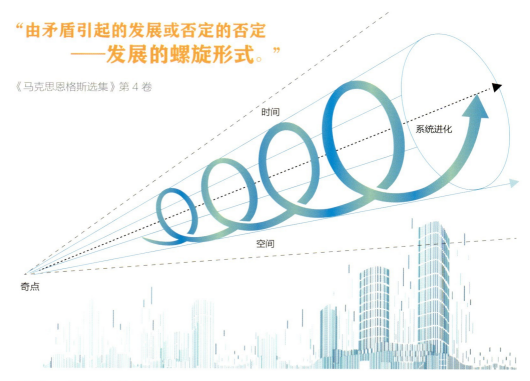

"由矛盾引起的发展或否定的否定
——发展的螺旋形式。"

《马克思恩格斯选集》第4卷

科技力量的加持与善用

科技创新一直是城市的核心竞争力。新冠肺炎疫情导致旅游休闲、消费服务等很多行业受挫，但也倒逼医疗、零售、卫生、教育等领域的技术、产品和模式快速适应性变革，为科技创新和产业创新提供契机。如与智能化物流结合的"城市宅经济"迅速形成，宅在家中即可享受到各种生鲜和日常用品；再如疫情期间利用基于位置的移动大数据追踪高风险人群，识别高风险区域等。

未来10年物联网、大数据、云计算、人工智能、5G通信、虚拟和增强现实等新技术将继续快速演替，在城市生产生活的方方面面将应用得越来越普遍。物联网技术将会把城市与人融为一体，人体可穿戴设备、家用电器、道路、公园、汽车、建筑等城市中的所有物体将通过传感器互联；城市产生的各类数据量将呈指数增长，随着政府大数据和社会经济大数据的可获得性增强，类似"城市大脑"的综合辅助决策系统会越来越智能，可实现对灾害风险的快速反应。未来城市的高度感知、万物互联、高度智能的特性将越来越明显，创新与数据驱动的数字孪生与智慧城市将逐渐真正地落地。可以预见，新型的、颠覆性的技术，将会对城市、对公共卫生和健康产生深远的影响。新技术在解决问题的同时，诸如算法化（随机效应的消除、个性的丧失——失趣）、碎片化（学习深度不足、注意力缺失、思路肤浅——失智）、分异化（没有能力跟上数据时代潮流的人——失能）带来的新问题影响也在显现。技术本身没有善恶，技术运用则需善用。

人文精神的内省与回归

我们试图相信，新冠肺炎疫情之后的世界将会大不相同。但是，人们也许会在结束时迅速忘记这场疫情。就像我们忘记了1918～1919年的流感大流行。人们倾向于忘记那些糟糕的经历，尤其是痛苦的经历。话虽如此，还是可以看到一些显而易见的改变。除了显而易见的数字技术更广泛应用，人文精神也得到了更多的关注。由疫情而引发对人文精神的关注，这是人类文明进程中曾经发生过的事情。正是因为黑死病的影响，欧洲人停下对上帝的仰望，开始审视周身存在的世界，思考人在现世的意义，唤醒了人们对现实人生和个体生命价值的肯定。寻找黑死病防治手段的过程，极大促进了理性与科学的精神的发展。对人性重视，对现实关怀的人文精神推动了文艺复兴。

新冠肺炎疫情使我们从未如此鲜明和直观地意识到"人"的问题始终是第一要义，不仅生存和生活需要品质，精神也需要获得尊严和安顿。生命与物最大的区别是生命不是一个庞大机器上的零件，每个人背后都是一个庞大的生命网络，每个生命背后也有着自己的生命世界，悲欢离合。如果没有人文精神的浸润，生命与生命之间只有如工具般被机械与僵化的对待，最后又因为生命与生俱来的敏感度，酝酿的情绪累积爆发后就会不可避免地酿就悲剧。疫情后人们忐忑地走出封锁区，能在城市街道上无所畏惧地相互靠近成了最简单的乐趣。城市、特别是大城市需要变得更加人性化，同时也更具有人文主义，如何在空间上予以支持和引导，还有很长的路要走。

"瘟疫或许无法预测，但我们应该知道它们一定会再次来袭。"城市与瘟疫的博弈较量是一个长期的、不可松懈的任务，不能指望一劳永逸地解决问题。而正如恩格斯所指出的，文明时代的"全部发展都是在经常的矛盾中进行的"。这种矛盾性表现在社会发展的一切领域和一切环节，既表现在发展过程中，也表现在发展结果中，还表现在发展动力中。换言之，推动社会发展的动力系统是一个矛盾统一体。这个动力统一体是由肯定因素、积极力量与否定因素、消极力量如代价、危机、灾害包括瘟疫等构成的。

面向健康韧性的未来百年，需要善用与时代发展相匹配的各种工具，围绕人不断变化的生活诉求，提高城市的健康和韧性程度，提高每一位城市居民的生活福祉（包含物质与精神双方面）。道阻且长，行则将至；行而不辍，未来可期！追求健康宜居的理想图景，在与瘟疫和各类突发灾害的斗争中迭代进化，在平衡、失衡与再平衡中不断螺旋上升，城市永远在路上。

参考文献：
[1] 邱耕田. 瘟疫与发展 [J]. 河北学刊, 2021,41(2):1-11.
[2] 郑天骋, 耶稣斯·M. 德米格尔. 后疫情时代的社会、全球化与城市发展 [J]. 北京规划建设, 2021(1):206-211.
[3] 渝跃龙门. 疫情将如何改变中国特大城市发展？[EB/OL]. (2020-02-10)[2021-07-30]. https://mp.weixin.qq.com/s/M5pJm3i7rp1lmKko25QLdQ.
[4] 邹祥. 疫情反思：重新呼唤人文精神 [EB/OL].(2020-02-26)[2021-07-30]. https://mp.weixin.qq.com/s/VT7-pB4VjuFTsA7fH178yQ.

气候变化背景下的"呼吸城市"建设之道

□ 整理 姚梓阳

20世纪70年代以来，全球气候变化现象逐渐成为国际社会密切关注的热点问题。随着高温热浪、空气污染、雾霾频发、城市热岛效应加剧等气候问题的凸现，城市居民的健康日益受到威胁。面对中国未来的城市化与气候变化，气候环境应被视为环境资源进行积极保护甚至是修复，明确城市风环境与城市通风廊道对城市居住环境品质和公共卫生的重要性。

充分利用风的流体特性，通过"呼吸城市"建设，加强对建筑、道路、公园、绿地、水体水系等空间要素的合理布局与管理，建立或疏通城市通风廊道，把风引进来，让风流出去。从而促进对自然风的疏导与渗透，加强城市内部空气对流、交换、净化的能力，改善城市通风，缓解雾霾与夏季热岛效应等城市环境问题，打通我们城市的"呼吸"功能，让"蓝天常在，青山常在，绿水常在"。

城镇化 | Urbanisation

气候变化：21 世纪最大的健康威胁

联合国人居署发布的《城市与气候变化》报告指出，城镇化和气候变化正以一种危险的方式交织在一起。一方面，随着城镇化的快速发展，城市消费和生产所排放的温室气体已占到温室气体总量的 70%，沥青、水泥等人工材料取代了自然植被及土壤，工厂汽车等都在源源不断地排放污染物（气溶胶、烟尘、颗粒物）及人为废热到大气当中，改变了城市能量与物质平衡，对城市区域的气温、湿度、能见度、风、低云量和降水都有影响，从而导致城市气候环境发生改变，与郊区相比产生了"城市热岛""城市混浊岛""城市干岛""城市湿岛"和"城市雨岛"等"五岛"效应。另一方面，气候变化也给城市发展及其不断增长的人口带来了独特挑战，其影响波及城市供水、基础设施建设、交通服务、生态系统、能源供应、工业生产以及城市居民的生计、城市居民的健康等各个方面。

"柳叶刀倒计时"2020 年度报告指出，气候变化通过多重直接和间接的途径影响人类健康，气候变化是 21 世纪最大的健康威胁。气候变化对居民健康的影响路径主要有直接影响、环境导介影响和社会导介影响三种类型。直接影响是指通过洪涝、风暴等直接危害人类的生命安全，或通过极温（高温和低温）气象诱发呼吸系统疾病和心脑血管疾病等；环境导介影响是指通过自然环境和物理环境为中介间接影响居民健康，如传染病通过大气和水进行传播、污染物诱发呼吸系统疾病、环境改变影响居民体力活动，以及粮食安全影响身体健康等；社会导介影响是指气候变化引起的灾害通过影响人类活动和社会结构，从而影响居民的满意度、安全感和心理健康等方面，并进一步影响身体健康。

目前，大气科学、医学、公共卫生、灾害管理、人文地理和城市规划领域均有涉及气候变化与居民健康风险的研究。大气科学领域主要探讨大气成分的变化在区域甚至全球尺度上对居民健康风险的影响；医学领域主要注重气候变化的致病机理；公共卫生领域主要关注疾病的监测预警和卫生系统的服务功能；灾害管理领域主要关注灾害事件后的救援和管理；人文地理领域主要研究环境暴露风险和医疗设施布局；城市规划领域则注重城市内部各项系统应对气候变化的能力对居民健康的影响。关于气候变化与健康风险的研究在各维度、各尺度开展，根据气候变化对居民健康危害的类型，可将气候变化导致的居民健康风险分为突发致命风险、慢性非传染病风险、传染病风险和心理健康风险四类。

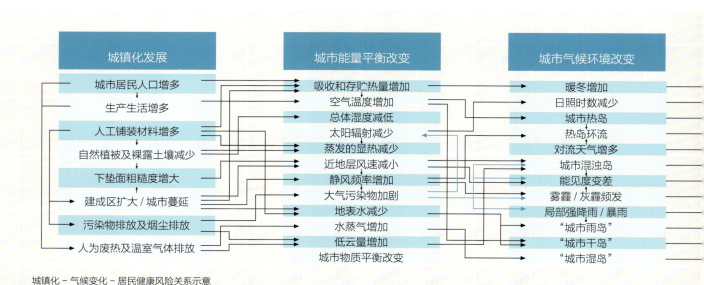

城镇化 – 气候变化 – 居民健康风险关系示意

图片来源：基于参考文献 [1][2] 绘制

突发致命风险

对沿海地区而言，随着全球气温的升高，风暴潮发生的频率增加，登陆的台风数量增加且强度增强，台风及其引发的海啸和强降水导致的洪水可以瞬间摧毁建筑，致人伤残或死亡；对内陆地区而言，在极端高温和干旱的同时作用下，林火频发，居民面临着火灾威胁；对山地地区而言，极端降水会增加泥石流、山洪等灾害的风险，威胁居民生命安全。

慢性非传染病风险

从气温角度而言，极端高温天气会引发中暑，也会使本身患有慢性疾病的人原本已受损的组织负担加重。低温天气引起末梢血管收缩，血液循环阻力增加，从而引起高血压等心脑血管疾病的发生。从空气质量角度而言，气候变化使大气污染加剧，居民将更多地暴露在污染环境和过敏源之中。大气污染物可加重慢性呼吸系统疾病和心血管疾病，影响免疫功能，并增加癌症发病率。

另外，极端气温和城市环境的改变可能导致居民出行意愿改变以及户外活动的频率和强度降低，缺乏体力活动对居民健康将会造成不利影响，增加罹患慢性疾病的风险。

传染病风险

全球气候变暖导致的冰川融化使得古老病原体释放，可能会导致新发传染病的出现。气温、湿度的改变会影响传染病的传播时间和空间，为虫媒和病原体的繁殖与传播创造有利条件，使得病原体传播季节延长，并使其流行范围出现突变。极端天气对城市基础设施造成破坏，如城市的供水系统和排水系统，使得水媒传染病更易流行。

心理健康风险

气候变化长期作用于农业生产、城市环境、基础设施和居民身体健康，会引起居民生活质量下降和城市管理问题，使居民的安全感和归属感下降，因担心自己受到或已受到生命和财产伤害而感到恐惧、焦虑、愤怒等情绪。同时气候变化引发的一系列问题还会增加个人或集体之间的敌对情绪，降低社会凝聚力，破坏原有社会结构。而居民的心理健康程度又可以作用于其生理健康。

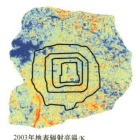

2003年地表辐射亮温/K
高：302.954
低：284.871

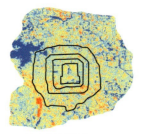

2007年地表辐射亮温/K
高：315.84
低：289.036

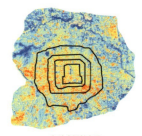

2011年地表辐射亮温/K
高：315.84
低：286.717

2003~2011年北京城市六环地面温度变化

资料来源：
阳文锐，李锋，何永．2003-2011年夏季北京城市热景观变化特征[J]．生态学报，2014,34(15):4390-4399．

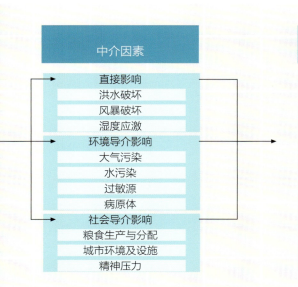

"呼吸城市"："减缓+适应"气候变化的应对

让城市会呼吸，让环境更健康宜居

居民健康是城市最重要的财富。联合国人居署发布的《城市与区域规划国际准则》中反复强调了城市与区域规划应注重增强抵抗气候变化风险的能力。面对气候变化所带来的负面影响，打通我们城市的"呼吸"功能，一方面可以使城市大气实现良性循环，降低空调能耗，减少温室气体排放，减缓气候变化；另一方面有助于缓解城市热岛效应，提高公众健康与热舒适度，加强对气候变化的适应力。这也是对《联合国气候变化框架公约》提出的应对气候变化的两项策略——"减缓"（mitigation）与"适应"（adaptation）的响应。

"呼吸"必然包括"呼"与"吸"两个动作。所谓的"吸"，就是指新鲜空气的来源，即需要评估城市总体风环境状况以及存在风环流系统。而"呼"则指疏通区域、城市、街区、建筑之间的联系，令新鲜空气能顺畅地流入及呼出，不顺畅的地方得到医治，即建立或疏通城市通风廊道，疏导空气顺畅地流入与流出城市，同时加速城市与周边以及城市内部的空气交换。

通过加强城市规划建设和管理，改善城市弱风环境，同时综合发挥森林、绿地、湖泊、河流、海洋等自然生态系统对新鲜空气的生成、汇集、释放和净化作用，因地制宜有效利用不同的风环流系统，精准控制城市形态，特别是建成区与开敞空间、道路等，确保城市通风度与透风度的有效性，实现城市自然通风、自然透风、自然净化的发展方式。

"呼吸城市"概念示意图

图片来源：
任超. 城市风环境评估与通风廊道规划——打造"呼吸城市"[M]. 北京：中国建筑工业出版社，2016.

以风为媒，探索基于自然的解决方案

呼吸城市将气候环境作为环境资源来保护，与自然和谐相处。呼吸城市的透风度、通风度与空气净化能力，取决于城市、街区与建筑形态以及自然地理因素。在进行呼吸城市的设计和建设时，需要遵循自然风环境、风流通与循环系统，根据其区域性、季节性和时空性的特点采取引导、疏通与渗透的手段，促进城市通风，探索基于自然的解决方案（Nature-based Solutions，NbS）。具体可通过分析城市整体的气候环境状况、地形地貌的特点及自然要素，来评估可利用的自然风环境系统及局地风环流系统。一般适用于城市规划应用和风道建设的风环流类型有五种，除了大家所熟知的盛行风（季风或季候风）之外，还包括以下四种。

大型水体所形成的局地环流系统（海陆风系统，湖陆风系统）——在临近海岸河湖岸的地区，因为水体和土地的比热容差别而形成。对于海滨城市及邻近大型湖泊的城市的呼吸城市建设，应将海陆风和湖陆风纳入风环境评估。在规划城市通风廊道时，应特别注重城市内部河川系统与海域或湖泊的衔接，以及临海、临湖及临河旁的街道走势与建筑布局，避免建造挡风建筑。

地形风所形成的局地环流系统（山谷风系统，河川风系统）——由于山谷与其附近空间之间的热力差异而形成。对于山地城市及邻近大型河川的城市的呼吸城市建设，在规划城市通风廊道时，针对城市生态林地及绿地，特别是氧源绿地的分布需要结合山谷风及河川风环流系统来考虑。同时值得注意的是，顺应山谷地势的下行山风通常在晴天的夜间发生，其温度比周边温度低 0.5~1℃，因此这对于位于相对平缓地势的建成区无疑是产生新鲜空气的冷源区域，合理利用此下行山风有利于缓解城市热环境。但是该局地环流系统易受到建筑物的阻挡而消失，所以必须利用开敞空地引导其进入城市腹地。

城市热岛引起的局地城乡风环流系统——对于地形坡度较小的城市或平原城市，由于城市热岛现象的存在，城市较高的温度与郊区较低的温度形成压力差，从而导致郊区产生吹向城市的风，形成热岛环流。环流主要在静风条件下发生，若空气污染物排放控制不当，还可能同时引起穹窿形漂浮在城市上部的大气尘盖，使得空气污染难以扩散，城市空气品质变差。对于平原城市的呼吸城市建设，特别需要控制空气污染物排放，加强城市与氧源绿地的衔接，使得局地城乡风环流产生时，新鲜的冷空气得以更流畅地从氧源绿地输送进入城市内部区域当中。

大型林地及绿地引起的局地绿地风环流系统——林地或绿地由于蒸发作用散失热量而产生的冷空气，向周边渗透和流动而形成。在呼吸城市建设时，应注意保障城市周边与内部的林地及绿地的面积，及其与城市区域的连通性，确保及促进空气流动。特别是山坡林地下缘以及大型绿地周边的建筑群，需要合理考虑建筑群的布局及开敞空间与山坡林地和绿地的衔接，可通过降低边界交接区域的地表粗糙度以利于林间冷空气的流入和通过。

> 街道和建筑形态布局会对城市内部的风向和风速产生影响，右侧的这组图展示了几种不同的情况：
> （1）风沿街道方向容易流动，形成峡谷效应；
> （2）变窄的通道令风因缩流而变强，形成文氏效应；
> （3）风压相互作用而产生逆流等复杂的流动模式，形成风压相乘效应；
> （4）建筑物如图这样的形状组合会令风往上走，导致地面上很难有强风，形成金字塔效应；
> （5）低、中、高层建筑物所组合成的复杂建筑形态会阻碍风的流动，导致通风较差，形成掩蔽效应。

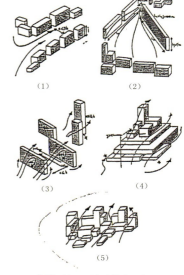

街道形态和风流动模式示意图

资料来源：
Gandemer J. Building research translation-discomfort due to wind near buildings: Aerodynamics concepts[M]. Washington: Center for Building Technology, Institute for Applied Technology, National Bureau of Standards, 1978 : 41.

通风廊道：呼吸城市的"新风系统"

何为"通风廊道"

"城市通风廊道"一词源自德语的"Ventilationsbahn"，由"Ventilation"（通风）和"Bahn"（廊道）组成。在我国传统城市规划语境中，通常会将生态隔离体系的绿化用地赋予风廊的功能。近年来我国的研究与实践已将"城市通风廊道"的概念变得更为广义化，即"城市通风廊道"是一个将开敞空间、绿地、林地、水系、山体和城市建设综合考虑的生态规划与设计的过程，可以通过如控制用地功能、限制建设开发强度、确定街道走向和建筑布局，连接开敞空间和绿地形成网络。其空间形态可以为"点、线、面"的结合从而形成城市的"自然呼吸"。

根据这一定义，城市通风廊道就像一个加速大气流动的城市"新风系统"，它不应单纯地被看作是城市空间的留白或街道的拓宽，应基于气候生态学、流体动力学原理及城市气候现象的时效性，有效地规划"风从哪里来"及"风往哪里去"。因此需要将城市通风廊道全面且系统地看待。根据相关学者的研究，城市通风廊道系统分为三个部分。

气候生态作用空间（简称"作用空间"）——指需要改善风环境的城市建成区域或待建区域，特别是城市热岛效应严重或需要降低污染的气候问题区域。

气候生态补偿空间（简称"补偿空间"）——指产生清洁或冷空气的局地风环流系统的来源地区。区域性或地方性气候资源区域与气候敏感区域。主要包括农业用地、耕地、草原、山坡林地、郊野绿地及大型公园绿地等。

空气引导通道——指将空气由补偿空间引导至作用空间的连接通道。通常其地表粗糙度较低，比较开阔，且当中没有高大建筑物或树木。一般呈直线型，或有较小的弧度。方向主要顺应盛行风向或局地环流风向或与其呈较小夹角。它的作用在于促进空气输送和扩散。特别针对弱风状况下，对于加强城市与周边、城市内部的空气流动，以及改善作用空间的气候问题均起到重要作用。

基于所传输的空气来源地和空气品质（是否含超标空气污染物），弱风状况下的空气引导通道可划分为四类：普通通风廊道、清洁空气廊道、冷空气廊道以及与生物气候有关的清洁冷空气廊道。

空气引导通道分类

空气引导通道类型	空气品质	热力水平/热污染状况
普通通风廊道	存在不同污染状况	存在热污染状况
清洁空气廊道	无污染状况	存在热污染状况
冷空气廊道	存在不同污染状况	无热污染状况
与生物气候有关的清洁冷空气廊道	无污染状况	无热污染状况

资料来源：
Yan Y Y. Surface wind characteristics and verifiability in Hong Kong[J]. Weather,2007,62(11):312-316.

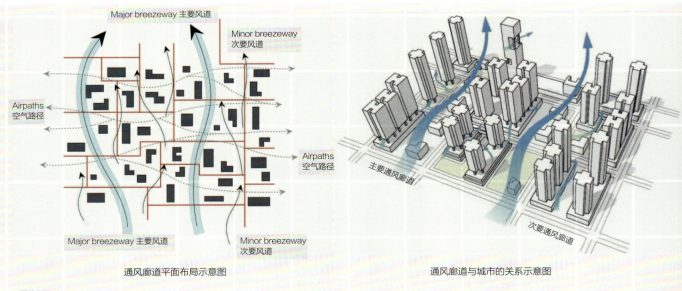

通风廊道平面布局示意图　　通风廊道与城市的关系示意图

图片来源：
[1]Ng E. Policies and technical guidelines for urban planning of high-density cities - Air Ventilation Assessment (AVA) of Hong Kong[J]. Building and Environment, 2009,44(7): 1478-1488.
[2] 任超. 把风引进来到底有多大作用？| 任超 一席第420位讲者 [EB/OL].(2017-01-06)[2021-07-30]. https://mp.weixin.qq.com/s/Scy2WHV8iycqj8fQlQKCoQ.

核心技术赋能

通风廊道的探测与识别方法

风洞物理模型——根据运动相对性原理和流动相似性原理，在风洞中控制实验条件，如气流速度、风压、风廓线、温度等，利用等比例缩尺模型模拟真实空气流动状况与环境。如香港在《都市气候图及风环境评估标准——可行性研究》中就针对20个重点研究区域，利用风洞试验进行城市行人层风环境模拟研究，为量化规划与设计的影响提供科学依据，同时也便于决策者和研究者了解香港风环境现状与问题。

电脑数值模拟——基于地球流体力学，使用参数化模型模拟，并使用数值方法求解模型各方程，以研究宽广而复杂的城市环境问题，从而弥补观测数据时空覆盖率有局限性这一缺陷。

地理信息计算——基于地理信息系统（GIS）数据平台和对城市盛行风风向的分析，计算城市表面粗糙度以及采用截面法来计算建筑迎风面积密度，从而在城市尺度下建立一个城市空间风渗透性参数数据库以对城市空间风渗透性进行描述及可视化。

风洞试验

图片来源：
任超.把风引进来到底有多大作用？| 任超 一席第420位讲者[EB/OL].(2017-01-06)[2021-07-30]. https://mp.weixin.qq.com/s/Scy2WHV8iycqj8fQlQKCoQ.

大型建筑对周边风环境的影响：空气流通评估

为避免新建大型建筑对城市风环境产生不利影响，对设计方案开展空气流通评估来量化和辅助优化设计。以基地中的最高建筑为中心，并根据其高度来确定空气流通评估范围和四周环境。采用风洞试验或者电脑数值模拟的方法，以风速比（VR_w）作为评价指标，来判断设计方案是否符合相应的标准和要求。风速比为各方向的风速比与该风向的比例乘积的总和。一般而言，风速比越大，表明该建筑对评估范围内行人层风环境影响越小，也对四周总体风环境造成的影响越小。

如位于添马舰的香港特区政府总部大楼地处海滨，比较开阔又有良好的海风，而建筑基地后面紧邻港岛主要的交通枢纽区域，为了让海风渗透入后面的稠密市区，就需要在建筑物上开设孔洞，让体量巨大的建筑有更好的风渗透性，并确保地面有开敞的绿地空间连接海滨。当时建筑立面上这个孔洞到底怎么放置、开多大、朝向如何，都通过计算机模拟及风洞试验来确定。

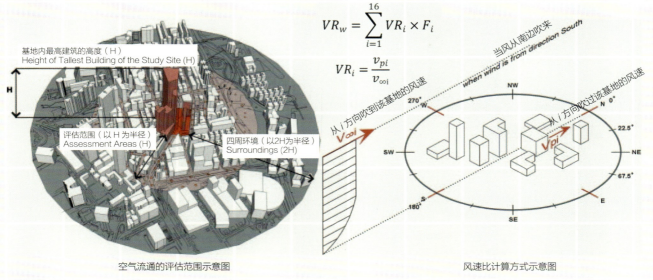

空气流通的评估范围示意图　　风速比计算方式示意图

图片来源：
Ng E. Policies and technical guidelines for urban planning of high-density cities - Air Ventilation Assessment (AVA) of Hong Kong[J]. Building and Environment, 2009,44(7): 1478-1488.

设计导则：不同尺度下的通风廊道建设

在区域规划层面，应着重研究区域内的自然地形地貌以及地区盛行季风条件，全面分析区域内的自然通风潜力，从而合理规划产业功能及区域人口密度。例如在城市周边的自然通风廊道内（山谷以及河川周边）应降低建设密度，增加绿地面积，从而充分利用区域内的自然通风潜力。

在城市规划层面，应全面评估城市可利用的风环流系统。对已建成的城市区域，探索以比较小的代价，优化由既有建筑形成的潜在风道。对新建区域，在最初阶段将通风廊道规划纳入城市各项规划中，便于通风廊道与城市开敞空间结合，形成更高效的城市呼吸系统。

在街区规划层面，应在城市规划阶段划出的潜在及现有通风廊道区域，以及风环境敏感区域（如学校、住区、医院等），严格控制建筑物具体的形态，例如控制建筑底层裙房形态、条形建筑中间留空、避免外伸的障碍物等，从而改善微气候环境，促进局地风循环。

在建筑设计层面，对于大型建设开发项目，在基于专家学者的经验判断基础之上，应采用风洞试验、电脑数值模拟等手段，对周围风环境进行科学量化的分析，全面评估建筑形态对周边风环境的影响，从而在设计方案中有效选择最适宜的方案，避免产生屏风楼等挡风建筑。

以德国斯图加特市为例，该市通过长期观测发现，大气污染在静风条件下最为严重。因此，斯图加特重点探索静风条件下局地环流规律，并以此指导城市布局。针对最不利气候条件构建通风廊道，强调降低山谷风的输送损耗，提出保护补偿空间，并通过制定法规进行保障，严禁冷空气通道区域再开发。同时，保持山坡绿化、减少土地硬化，从而优化冷空气通道。

此外，斯图加特还将微观风环境纳入规划设计的决策因子。如在中央铁路区域改造项目中，提出不阻碍区域通风、不引发额外空气污染、不加剧热污染等目标。在开发过程中一方面组织开放空间系统，保护和恢复三条新鲜空气廊道，调整绿地布局以利于空气交换；另一方面调控土地开发强度，通过控制开放空间沿线的建筑密度和通风主轴沿线的建筑高度，减少气团运动阻碍。

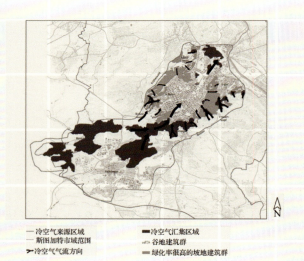

斯图加特冷空气流动状况模拟

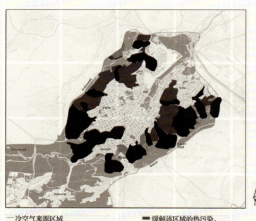

斯图加特城市通风廊道构建

图片来源：刘姝宇，沈济黄．基于局地环流的城市通风道规划方法——以德国斯图加特市为例 [J]．浙江大学学报（工学版），2010,44(10):1985-1991．

不同尺度下的风环境评估与通风廊道规划建议

规划尺度	气候尺度	风环境评估内容	通风廊道规划与管控
区域规划	中观尺度（50~500km） ◎电脑数值模拟 ◎气象及污染观测	◎分析区域风环境（雾霾形成机理、污染来源、迁移规律）信息及可利用的风资源（污染及非污染）分布； ◎明确存在问题、了解城市氧源绿地与气候敏感区域分布； ◎为下一阶段提供城市层级通风廊道规划提供背景参考信息	◎中观风环境总体评估； ◎风资源分布区域评估； ◎生态系统（绿地、山林、水体作为氧源地）效能评估； ◎使用土地利用管理、划定生态红线等
城市规划	局地尺度（1~50km） ◎电脑数值模拟 ◎气象及污染观测车载测量	◎分析主城区整体风环境（空气交换、局地环流等）； ◎探测潜在的城市通风廊道主要位置及阻风区域，确立主风道分级； ◎为下一阶段街区层级风道的研究与规划提供背景参考信息	◎分析主城区整体风环境（空气交换、局部环流、污染扩散等）； ◎探测潜在的城市通风廊道主要位置及阻风区域，确立主风道分级； ◎针对城市主要风流入区域进行节点、主要风道、气候敏感地带控制及实施土地利用、发展强度、建设强度等管控
街区规划	微观尺度（10~1000m） ◎电脑数值模拟 ◎风洞试验测试 ◎气象及污染观测车载测量	◎在微观尺度下分析重点街区和敏感地块的空气流通评估； ◎探测潜在的街区次级通风廊道主要位置及阻风区域； ◎为下一阶段建筑层级风环境的研究与形态设计提供背景参考信息	◎针对通风问题城区、重点发展街区及气候敏感区域控制建设规划指标，从而控制街区形态、街道走向、建筑物布局及建设强度； ◎结合开敞空间、绿地、水体等建设街区层面次级风道的控制宽度及方向； ◎需要的话，可标示出限建区及禁建区
建筑设计	微观尺度（＜300m） ◎电脑数值模拟 ◎风洞试验测试 ◎实地测量	◎在微观尺度下评价大型建筑项目的空气流通评估，增加建筑透风度； ◎在建筑项目地块内连通街区次级通风廊道主要位置	◎针对重点街区及气候敏感区域内的大型建筑项目制定设计控制指标，从而控制建筑形态及建设强度； ◎结合街区层面的规划要求，控制建筑项目地块的底层占地率、退后红线、绿化率、建设高度、朝向布局、建筑的风透度及周边地块的风道贯通等

参考文献：
[1] 袁青, 孟久琦, 冷红. 气候变化健康风险的城市空间影响及规划干预[J]. 城市规划, 2021,45(3):71-80.
[2] 任超. 城市风环境评估与通风廊道规划——打造"呼吸城市"[M]. 北京：中国建筑工业出版社, 2016.
[3] 曹象明, 蔡娟娟. 合理通风换气, 营造健康人居环境[J]. 人类居住, 2020(1):22-24.
[4] 袁鹏洲, 覃光旭. 会呼吸的城市——浅谈国内外城市通风廊道建设经验及对重庆的建议[EB/OL].(2020-04-16)[2021-07-30]. https://mp.weixin.qq.com/s/LggkOZ2KHGy1MLDisLvC4Q.

基于城市气候环境优化的城市设计任务

建造规划方案

德国斯图加特中央铁路区域改造项目依据城市气候专项研究成果，明确关键措施的定位与定量原则（如开放空间布局、建设用地位置与强度安排、交通组织等），从而提出该项目在城市气候优化方面的设计任务。通过量化的城市气候影响评估，确定不同设计方案的优势及改进方向。在布拉格公墓、皇宫花园、玫瑰石公园等大型开放空间沿线，通过城市设计导则规定不连续的空间界面，通过建造规划落实开放式的建造方式，以避免建设组团与大型开放空间之间的气流阻隔。在重要开放空间毗邻的建设区域内部增设补偿区，以便在建设用地与开放空间之间形成缓冲区。

图片来源：刘姝宇,谢祖杨,宋代风. 应对城市气候问题的当代德国城市设计——以斯图加特21世纪项目为例[J]. 新建筑,2018(5):144-149.

中国古代理想人居的健康之道

□ 整理 徐奕然

人居环境，泛指人类集聚或居住的生存环境。中国古代理想人居追求与环境本底融合共生，营造适宜聚居且能带来安全、舒适和愉悦感的空间。

2019年暴发的新冠肺炎疫情、2003年肆虐的非典肺炎疫情等公共卫生突发事件，导致人民生命财产、国家社会秩序、国际民生交往受到严重破坏，同时也暴露了人居环境建设的短板。如何借鉴中华民族传统的宇宙观、生命观、健康观，从本质上实现人的深层次健康？如何汲取古代理想人居蕴含的疗愈理念与营造智慧，构建人与自然高度融合的诗意栖居？这些议题对当今以身心健康为导向的高质量人居环境建设大有裨益。

城镇化 | Urbanisation

中国古代理想风水模式

图片来源：
小小地名大大乾坤. 从建筑选址看中国传统文化的"相地堪舆" [EB/OL].(2022-02-26)[2022-04-20].
https://baijiahao.baidu.com/s?id=1725817054017084320&wfr=spider&for=pc.
知乎专栏. 风水中的"罗城" [EB/OL].(2020-10-09)[2022-04-20]. https://zhuanlan.zhihu.com/p/263224893.

　　中国传统文化的内核是协调生命与自然的关系，古人把包括人在内的整个宇宙看成是一个大的生命流行化育过程，一切学问都是对生命规律的揭示。例如中国传统医学研究人体生命之气的发生、演化及在人体内的运行规律，讲求生命本质层次的健康"祛病、强体、增智、长功"，从疾病治愈直到智慧升华的持续过程，是对失衡生命的再平衡。而传统村落、园林等中国古代理想人居空间也具有相似的特质，通过修炼形体的"修身"与修养意识的"养性"共融，实现天人洽和的深层次健康。

071

《桃花源图》

《桃花源图》是明代画家周臣创作的绢本设色画，现藏于苏州博物馆。此图以晋陶渊明的《桃花源记》为题材，绘武陵渔夫因迷路而走进了与世隔绝的桃花源。崇山环抱之中有屋舍俨然，鸡犬相闻，田地中农夫正扶犁耕地。

古代理想人居的核心诉求

对诗意栖居的美好向往，根植于中国传统文化深处，融于中国人的血脉之中。早在南北朝，诗人谢灵运就曾描绘理想的人居环境："修营别业，傍山带江，尽幽居之美。"山水诗、山水画等许多中国古代文学艺术作品，不惜笔墨地表现出人与物生存空间、人与人生活空间、人与自然和谐的关系。

生存庇护

满足人的基本生活需求是理想人居的前提。人类为了生存需要取食和繁衍后代，在聚居时更倾向选择可庇护捍卫的领地和安全稳定的生产条件。西汉时期的政治家晁错为应对匈奴侵袭，多次提出"移民实边"对策，强调边疆城邑人居环境建设需满足环境适居、住宅实用、田作便利、设施完善、秩序井然等基本功能，才能吸引人民安居乐业，维持城邑长久发展，使"民乐其处而有长居之心"。

晁错提出边疆城邑人居环境建设功能要求

关键词	《汉书·晁错传》原文	译文
环境适居	相其阴阳之和，尝其水泉之味，审其土之宜，观其草木之饶。	首先，选择水土丰饶、生态健康、适宜居住的自然环境。
住宅实用	然后营邑立城，制里割宅。先为筑室，家有一堂二内，门户之闭，置器物焉。	第二，建设坚固、实用的居住环境。包括建立城池以保障安全，合理规划以细分宅地，营建住宅以满足家庭需求等。
田作便利	通田作之道，正阡陌之界。民至有所居，作有所用，此民所以轻去故乡而劝之新邑也。	第三，营造公平、高效的生产环境。包括划分农田、兴修道路，使人们从事农牧业劳作，以满足生存需求。
设施完善	为置医巫，以救疾病，以修祭祀，男女有昏，生死相恤，坟墓相从。	第四，提供完善、便利的公共服务及设施。包括医疗救护、精神信仰、社会保障、殡葬纪念等，以满足不同群体、不同阶段的生活需求。
秩序井然	种树畜长，室屋完安，此所以使民乐其处而有长居之心也。	第五，形成有序、融洽的社会秩序。包括以制度及法律手段保障人们的居住权益、财产安全，形成伦理有序、仁爱互助的社会风气等。

资料来源：
根据"孙诗萌. 浅谈中国古代的人居理想 [J]. 人类居住，2019(3):50-53"整理。

居游体验

许多山水画亦体现了对自然生态环境、人工建成环境和景观视觉环境的统一考量。例如王希孟（宋）的《千里江山图》在山水组合间充分展现了"道游于艺，艺合乎于道""高远、平远、深远"的空间，"以大观小"的山水法则，以亭台、楼阁、茅屋和人意象化的符号（如塔、庙等）。

"唐宋八大家"之一的柳宗元，贬永十载，在潇水溪畔安家。在《愚溪诗序》中，柳宗元详细叙述了"八愚"宅园的构思和营建过程。他选取溪、丘、泉、沟、池、堂、亭、岛八种要素，象征完整人居环境的四个基本范畴——山、水、宅、园，强调人工与自然环境的均衡构成和互补。八愚宅园可谓柳宗元在永州山水间开展的一场理想人居实验，在满足基本物质需求基础上，又承托高层次的审美追求。

"八愚"要素的象征意义

丘、岛象征山	溪、丘、沟、泉属于自然环境，是择地的结果
溪、沟象征水	
堂、亭象征宅	堂、亭、池、岛是人工环境，是因形就势、人为创造的结果
泉、池象征园	

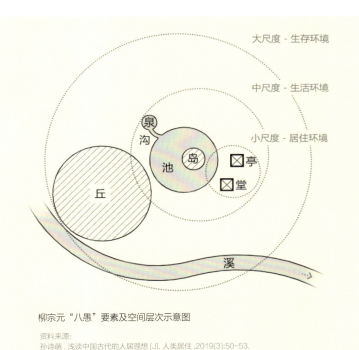

柳宗元"八愚"要素及空间层次示意图

资料来源：
孙诗萌.浅谈中国古代的人居理想[J].人类居住,2019(3):50-53.

精神寄托

人居环境不仅是生存的空间、居游的场所，更应是充满依恋的心灵家园。庄子言："乘物以游心，托不得已以养中，至矣。"人只有"乘物"，即遵循自然的规律和法则，最大限度地顺应自然，才能够"游心"——心情放松，实现精神的自由和解放。在文人诗句中，如陶渊明"采菊东篱下，悠然见南山"的山野情趣，《滕王阁序》中"落霞与孤鹜齐飞，秋水共长天一色"的秋霞水景，《竹里馆》中"独坐幽篁里，弹琴复长啸。深林人不知，明月来相照"的空灵幽美，均显示出闲情偶寄自成高格的情怀，表达了千百年来文人高士心中对世外桃源、隐逸人居的向往。

古代理想人居的空间要素

山体环境

唐宋时期,在居住地的选择上,讲求背山面水,负阴向阳。如岑参《南溪别业》:"结宇依青嶂,开轩对翠畴。树交花两色,溪合水重流";卢僎《初出京邑有怀旧》:"内倾水木趣,筑室依近山"。

首先,靠山而居,从心理上给居住者踏实、稳定的安全感。若远处有低矮的小山朝拱,左右有山体护卫,山形连绵起伏,山势环抱,重峦叠嶂,则是更为理想的山势。如晁冲之《次韵再答少蕴知府甥和四兄长句并见寄二首》:"山蔚蓝光交抱舍,水桃花色合围台";廖匡图《和人赠沈彬》:"深喜卜居连岳色,水边竹下得论交"。

其次,靠山面阳的地形,符合生态适宜性的要求。万物生长都离不开阳光,人类的生产生活更需要向阳而居。我国地处北半球,无论四季,太阳光始终从南面斜射过来,负阴向阳的南坡理所当然地成为居住的最佳地,如杜甫《西枝村寻置草堂地夜宿赞公土室》:"要求阳冈暖,苦陟阴岭沍"。接受太阳的照射,是人们的生理需要,也是心理需要,如白居易《题新居寄元八》:"暖檐移榻向阳眠"。

同时,冬季的南坡因耸立的山体成为背风坡,避免南下的冷空气袭扰,如杨万里《东园醉望暮山》:"我住北山下,南山横我前。北山似怀抱,南山如髻鬟。怀抱冬独暖,髻鬟春最鲜"。而夏季的南坡在季风影响下,却是接受凉爽南风的迎风坡,从而在炎热的环境中,起到降温通风的作用,成为人居在自然环境中趋利避害的典范,如曾几《次冯子容主簿信州筑居韵》:"幽栖为我觅阳冈"。长时间的阳光照射,更促进农作物的生长,缩短稻谷的生长周期,更有利于人类在居住地附近的生产活动。

水体环境

水是生命之源,人类的聚落、村庄、城市大多临近河流和水源。居住在水源的附近,有安全方便的饮用水,是定居生活的必要条件。如杜甫《江村》:"清江一曲抱村流,长夏江村事事幽";王安石《即事》:"纵横一川水,高下数家村"。居住地选择在邻近河流的缓坡和相对地势较高处,不仅取水方便,又因有一定的高差存在,不易在江河涨水时遭受水灾。偏僻无合适饮用水的地方绝不适宜居住,如寒山《诗三百三首》:"荒陬不可居,毒川难可饮"。

从古地理的风水学和生态环境的角度来看,住宅周围的流水,若屈曲、环抱,能聚集和生发盈盈生气,形成一种幽雅宁静的环境氛围,这样的人居环境真是再理想不过了。如陆游《闲居》:"野水明窗几,通渠绕屋流";刘克庄《小梓人》:"参天老竹当门碧,尽日寒泉绕舍流"。

正因为水在饮用、灌溉、交通诸多方面对人类的惠泽,自古就有"以水为师"的传统,"上善若水,水善利万物而不争"。对于水惠泽四方,不索回报,滋养万物的情感寄托,在受传统文化浸润的知识分子阶层中,其心理认同感更高。从而使与水卜居为邻,成为一种选择的必然,如白居易《池上竹下作》:"水能性淡为吾友,竹解心虚即我师";朱长文《梅评事携诗过访欲求属和因次其韵》:"筑室寻幽处,唯求水竹邻"。

正因为水细腻恬淡、源远流长的特性,与水为邻、依山傍水在知识分子文人的眼中,成为修身养性、读书怡情的绝佳环境,如王迈《柏梁体简龚少益》:"山之下兮水之旁,有人结茅作书堂",在如此山水恬淡的环境中筑建书堂斋舍,不仅是读书学习的理想环境,更是居住生活的理想环境。

动植物环境

　　林木与植被是人类生存的重要依赖，人类的生存从来都是选择水土肥美、林木秀蔚的地理环境作为居住地，正如裴度《溪居》："门径俯清溪，茅檐古木齐"；苏轼《山村五绝》："竹篱茅屋趁溪斜，春入山村处处花"。良好的植被环境能涵养水源、保持水土、保护环境、调节小气候，如李洞《题竹溪禅院》："溪边山一色，水拥竹千竿。鸟触翠微湿，人居酷暑寒"。居住在潺潺溪水、竹林茂密的环境中，人即使在酷暑的时节也倍感凉爽快意。良好的植被环境也能净化大气，让人觉得清新舒适，如皎然《奉和袁使君高郡中新亭会张炼师昼会二上人》："傍檐竹雨清，拂案杉风秋"。植物在人居环境中发挥着巨大生态作用的同时，也给人带来无限的惬意，如苏轼《新居》："朝阳入北林，竹树散疏影。短篱寻丈间，寄我无穷境"；林逋《园庐秋夕》："兰杜裛衰香，开扉趣自长"。这便是热爱自然的趣，也是崇尚自然的乐。

　　理想的人居在郁树青翠的环境下必然有自然界的花鸟虫鱼为伴。有堂前屋后的鸟雀，如韦应物《幽居》："青山忽已曙，鸟雀绕舍鸣"；有花枝丛中的蜂蝶，如黄庭坚《次韵答尧民》："门静鸟雀嬉，花深蜂蝶乱"；有悠闲的燕子、活跃的鱼儿，如徐玑《山居》："开门惊燕子，汲水得鱼儿"；有晴时鸣叫、雨时追逐伴侣的鹁鸪，如范成大《陈侍御园坐上》："花梢蝴蝶作团去，竹里鹁鸠相对鸣"；有嬉戏的蜻蜓与水鸟，如杜甫《卜居》："无数蜻蜓齐上下，一双鸂鶒对沉浮"；更有人见人爱、吉祥报喜的喜鹊，如戴复古《东轩》："喜鹊立门限，飞花落砚池"。因为有了和谐的生态环境，才有理想舒适的人居环境，正如林逋《小隐自题》："竹树绕吾庐，清深趣有余。鹤闲临水久，蜂懒采花疏"。

视野与景观

　　中国古代传统人居在对居住环境的选择中，讲究人与自然环境和谐有机的统一。这种统一从景观的角度看，是人主观的感受。当人步向户外，极目远眺，周围的景色尽收眼底；而外围不同的环境景观将给人不同的视觉感受。有关于山势与地形的，如杨万里《西斋睡起》："开门山色都争入，只放青苍一册方"；沈佺期《陪幸韦嗣立山庄》："台阶好赤松，别业对青峰"。有关于水景的，如周瑀《潘司马别业》："门对青山近，汀牵绿草长"；陆游《渔隐堂独坐至夕》："中庭日正花无影，曲沼风生水有纹"。有关于生态的，如唐求《题李少府别业》："竹和庭上春烟动，花带溪头晓露开"；耿湋《春日洪州即事》："竹宇分朱阁，桐花间绿杨"。如此种种视野景观带给身临此中者的感受是赏心悦目的，使人有身居自然、融于自然的和谐美感。

　　人处于自然界中，与自然界进行着能量的交换。无论是竹篱茅舍、泥墙瓦屋、府邸宅院，都缺不了门与窗。窗有通风换气、采光与观察外界的功能。人在室中能通过窗观景察物、收纳风景，以娱目怡情、畅心悦性。这样的感受如皮日休《奉和鲁望四明山九题 石窗》："窗开自真宰，四达见苍涯"；刘克庄《野性》："窗纳邻峰碧，瓢分远涧清"。窗对于理想人居的重要性，在于窗户的通透可达将人与自然联系起来，消除了隔绝，弱化了界限。人居与环境通过这样的沟通达到一种温馨舒适的效果，如白居易《官宅》："水色窗窗见，花香院院闻"；岑参《初至西虢官舍南池呈左右省及南宫诸故人》："轩窗竹翠湿，案牍荷花香"。

古代理想人居的典型代表——传统村落

中国传统村落空间的形成与发展，是古人在长期的生存活动中，生产方式、生活方式、哲学观念、自然条件等要素之间不断融合并最终达到一个平衡的探索过程。其选址择地、空间布局、建筑营建等方面，重视对自然形胜的考察，追求人工环境与自然环境的和谐统一，营造出"天人洽和"的健康空间，是具有中国本土特色的人居环境建设智慧结晶。

顺应自然　借势山水

传统村落人居环境营造使用的是朴素的人力和自然之力，对自然地貌环境基本保留，在此基础上往往形成了依山就势的山地聚落和傍水顺流的沿河村落。山水地貌是怎样的形态，村落就是怎样的格局。依山建于山，布局较为自由，形成了高低错落的村落景观；傍水临于水，整体沿河流分布，形成了水陌交通、屋宇倒映的错落景观。

村落营建中理想人居环境模式基本为风水学上的"枕山、环水、面屏"模式。如桂林龙脊梯田的人居环境，从垂直景观上看，形成了"森林－村寨－梯田－河流"的布局形式，层层梯田顺应地形消化高差，在特殊地形下对地貌充分适应。

浙江建德新叶村周边有两座高山，两山之间有一峡谷，峡谷东南出口为低丘陵区，新叶村便建于此处，正是"山起西北，水聚东南"的大好风水。玉华山有两股水，道峰山有一股，都流经村落，形成水口，"水口者，水既过堂，与龙虎案山内外诸水相会，合流而出之处也"。山坡有泉水，挖而汇聚成塘，形成风水塘。而在村落内部，发源于道峰山和玉华山的三条溪水，一条流经村外，为"外溪"，两条流经"村内"，形成"内渠"，生活用水与农田灌溉相兼顾，成为新叶村最重要的供水和排水系统，三水于村东南相会，形成水口，并与抟云塔、玉泉寺、天门形成村落重要的景观空间标志。

安徽黄山祖源村村落布局依山就势，呈环抱状，村中民居四面环山，建筑聚落鳞次栉比，层层跌落，山地建筑特征明显，由中心向周边发散性布局，空间变化丰富。村落北边是山体，南边是河流水系，这与传统风水学中的"上朱雀、下玄武"理念不谋而合，体现了古人在村落选址布局方面的艺术和智慧。

祖源村空间形态分析

资料来源：
胡文君，赵琛，胡厚国．徽州传统村落空间形态对当代人居环境建设的启示——以休宁县祖源村为例 [J]．安徽建筑，2019,26(10):28-31．

趋利避害 安居乐业

村落选址需避开自然、地质等灾害频发区，并在顺应自然中趋利避害，百姓才得以长久安居乐业。陕西柏社村"居高而襟水，地缓平而方正独立，面宽阔而质坚。"坐北朝南的村落居于台塬高地，外围则以农田绿植景观为主，既有利于生产，也有利于居住，在心理上也获得了高亢稳定的安全感。高起的凤凰山、嵯峨山等山塬为柏社村抵挡冬季来自西北方的寒风、防御洪涝灾害。

在微观层面的村落具体选址上，柏社村先民们综合考虑了塬上的地势、土地、水源等，以及土壤是否肥沃且适宜于农业耕种。黄土高原地区相对缺水，且水源多分布于沟壑中，因此就近取水成为重要需求。柏社村所处的三原县北部台塬为地下水充沛地区，村子东西两边沟壑中柏树等植被较为茂密，南北贯穿的浊峪河与清峪河为先民的生产生活提供了充足的水源，为村落的农业灌溉、畜牧养殖等生产生活活动提供保障。

安徽呈坎村，位于黄山南麓，山地环绕，地势开阔，面积较大，旧有良田二千余亩，无霜期较长，很少有自然灾害，居者得以安居乐业，读书力田，进而文风昌盛，科举发达，人文荟萃。唐末皖南歙县呈坎罗氏宗族始祖认为"歙之呈坎，有田可耕，有水可渔，脉祖黄山，五星朝拱，可升百世不迁之族"。至今罗氏已传三十多世，呈坎仍为罗姓聚居地。

中国传统城墙修建以方正形为主，福建廉村创造性修建为椭圆形，一方面由于村落布局在两溪之间的河床地带，不易修建方形；另一方面，椭圆形的城墙有利于避开季风，尤其在雨季时节，可以有效分流洪水。在建筑营建方面，廉村的民居地基特别高，依托现状地形高低起伏而自然布局；这些地基以卵石或条石砌筑，一旦洪水到来，有泄洪渠之用。

柏社村村域环境

图片来源：
吴晨,周庆华,田达睿.中国古代村镇人居环境保护与利用——以陕西柏社村为例[J].北京规划建设,2017(6):106-110.

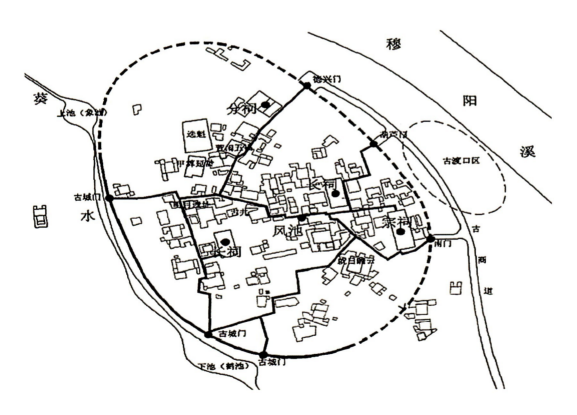

福建廉村椭圆形城墙

图片来源：
缪建平,张鹰,刘淑虎.传统聚落人居智慧研究——以福建廉村为例[J].华中建筑,2014,32(8):180-184.

安徽宏村

图片来源:
闫留超.江南传统村落的人居环境观研究[D].广州:华南理工大学,2018.

布局灵活 空间丰富

　　传统村落人居环境在空间布局形式和空间层次上丰富多样，空间层次遵循公共到私密的过渡和衔接，从公共性空间到巷弄空间，进而进入到室内空间。尺度上则更为生动，设计充分考虑人的尺度，使村落中动静有致，每一处生活场景都展示传统村落的蓬勃生机。

　　安徽宏村被列为世界文化遗产，最有特色的就是遍布全村的人工水系。水系的大规模建设在永乐年间，当时开凿百丈水圳，九曲十弯流过家家户户的门前院中，最后汇聚在同时开凿的村落中心半月池塘，水系的入口在村西北的略高处是全村水系的龙头，整个水系有如全村的血脉，活跃了村落的精神和物质生活，不仅提供生活用水，还用于消防、排水、调节温度和湿度，水系不光接连各家门前，而且还被引入庭院，形成各具特色的小型水庭院，给园内带来了大自然的气息，将山水环境、街巷、建筑、景观及居民的生活、文化、休闲构成一个完整的有机体。至今宏村仍然保留着这个完整的水系格局为村民日常所用。

　　楠溪江岩头村也是经过水系规划和蓄水形成的村落。首先引水入村形成村西北的上花园和东北的下花园，村东南两流溪水交汇，形成丽湖。山、水、岛、堤、桥、亭、塔、庙、轩、廊、戏台和花木、苇塘组织得井然有序、疏密相宜，形成了非常具有艺术魅力的村落空间。

楠溪江岩头村

图片来源:
风帆.岩头村——浙江南溪江古村落[EB/OL].(2017-04-22)[2022-04-20].http://tuchong.com/985929/14464575/#ima

　　街巷空间是传统村落公共空间中最常见的空间形态。村落中大多数的街巷空间没有经过严格的规划，是在较长时间内族人修建房屋的过程中自然形成的。建筑层次的高低与布局的错落有致使得整个空间富于变化，步移景异，不易令人产生视觉疲劳。

　　江西婺源唐模村的街巷空间，最具观赏性的就是夹峙于其两侧的建筑物的山墙，随着屋顶坡度的变化时起时伏，形成优美的轮廓线。特别是采用马头墙的形式，以黑瓦镶边的墙头，或跌落或跷起，纵横交错，构成了极富韵律变化的天际线，偶尔间隔出现的过街楼，丰富了街巷空间的景深层次，形成了江南传统村落步移景异的线性空间序列。

江西婺源唐模村

图片来源:
黄山市文化和旅游局.大美黄山,13个景区720度VR全景实拍![EB/OL].(2018-12-10)[2022-04-20].https://www.sohu.com/a/280825973_692854.

取之自然 安全舒适

靠山吃山，靠水吃水，充分利用自然条件营造人居环境，在选用材料、打造形态、考虑建筑构造等技术操作上与环境契合，是传统村落对自然的尊重。

初始民居建筑主要通过土来实现。早期先民的营造活动以堆积砌块的方式进行，汉代长城使用的土坯砖，在民间建筑中经久延用。如西北的窑洞、福建的土楼和华北地区的各类平顶式土房，都保持着远古土生建筑的形态。陕西柏社村地坑窑通过挖掘为主的"减法"方式，辅以夯筑、垒砌等"加法"手段，就地开筑形成灵活多样的居住空间。无需繁杂的施工技术，主体结构依靠拱券承重，几乎不需其他附加的建筑材料，施工简便、造价低廉。

传统建筑与装饰多使用木材，以密排的木柱和树枝构成立体框架，再覆以草、泥，结构具有柔软的天然属性和可塑性。福建廉村民居室内隔墙有两种形式，一种是用周边盛产的杉木制作木板墙，不施任何油漆，暴露木质天然的纹理，极为实用、耐久、方便。另一种是编织竹篱或木条，在两侧抹上草灰，再固定在木板框中，既经济简便，又透气防潮。

石材在传统民居建筑与环境中也有着重要地位，最常见用石头堆积成的房基、院墙和山区房屋。因各地分布石材不同，北方用房山石、青石，江南用太湖石、黄石，岭南用英石、蜡石，从而形成了不同铺地、石景之特色。

地坑窑院落单元、地坑窑入口坡道

图片来源：
吴晨，周庆华，田达睿.中国古代村镇人居环境保护与利用——以陕西柏社村为例[J].北京规划建设，2017(6):106-110.

适应气候 节能环保

传统村落运用适应自然气候的策略，营造更舒适的人居环境。如土家族吊脚楼以架空、悬挑、错落和内外楼梯等方式，适应南方湿热的山区环境；闽西客家土楼以厚达1m的土墙围合出一片院落，形成独特的小气候御寒隔热；岭南建筑以棚荫骑楼防晒防雨，以锅耳山墙防火防风，以基部石础防湿防虫，以夯土块墙防蚀防漏。

传统民居建筑的另一重要特点是满室阳光，在北方民居中朝南的方向多采用支摘窗，通过大面积的窗格来保证起居活动的采光。陕西柏社村地坑窑下沉式的天然维护结构有效抵挡了西北地区冬季的寒风、夏日的酷晒以及沙尘暴等恶劣天气，很好地引入阳光和新鲜空气；院落中种植果树植被，设置"雨季储存、旱季利用"的渗井，营造出舒适的小环境，是对年降水量较少的地域气候的适应性策略。

与北方民居的采光方式不同，南方传统民居采用内天井，光线从两侧进入房间让人感到舒适，其呈现的光线效果比两面进光的玻璃角窗更优越。同时，天井还加强了自然空气的流通，提供通风良好的庭院活动空间，把通风和采光结合在一起，改善了室内的空气和小气候。

土家族吊脚楼

图片来源：
古建家园.土家族吊脚楼——中国民居建筑中的一颗明珠[EB/OL].(2020-03-27)[2022-04-20]. https://m.gujianchina.cn/news/show-8866.html.

闽西客家土楼

摄影：焦扬

古代理想人居的健康启示

与自然融合共生

中国几千年来的文化历史对人类与生存环境的关系有着深刻的理解和认识：一是以人为本，寻求人与自然的和谐共存，二是以自然为尊，探究地貌、地质、水文、景观、气候等要素的内在关系，寻求它们在时空流转中的运行逻辑。以传统村落为代表的中国古代理想人居，通过巧妙选址，以顺应自然的空间布局，营建丰富多元的街巷建筑，体现了最优经济原则和生态环境观；使人这个微宇宙生活在人居小宇宙里，进而融合在自然大宇宙中。

健康的人居环境需首先满足人类生存发展的必要条件，与自然融合共生的栖居环境可给人们提供充沛的水源、食物、生活场所，为居住、生产、交往、休憩提供基础保障。在人居环境的营造中，对自然环境的相度和评价是重要前提，强调气候和宜、形势安全、水木丰美、适宜建设。

健康的人居环境还需关注生态的可持续发展，尊重物质循环与自然界的良性互动。重视自然生态系统中各种元素的有机联系及相互作用，将"水""风""土""气"等列入设计考虑的范畴，合理地利用自然资源、减少对自然界的干扰与冲击。在空间营造上，营造秀美的景观环境，通过自然山林吸引人群；创造积极的活动空间，运用借景的手法将室内与自然融合，让人们可以随时享受到风、新鲜空气、树荫光影。在生态发展上，更多考虑土壤涵养空间、水源空间、生物栖息地空间，合理优化布局经济社会发展空间，促进城乡和自然环境的协同发展。

让心灵获得疗愈

"留白"是中国书画艺术中最常见的表现手法，能让人觉得放松、舒畅、有想象空间，是一种高级的意境美。同样，人居环境的"留白"也能让人感受到心灵沉淀与能量流动的力量。中国园林，作为中华优秀传统文化在人居领域的典型代表，深谙"留白"的艺术，其貌似风花雪月式的文人雅好背后，深藏着对生命优化的追求。中医通过调气来平衡体内的气血，中国园林则通过山水布局、负阴抱阳，庭园围合、藏风聚气，诗化意境、意气不二，来实现对园主的身心滋养，充分体现出中华民族的宇宙观"人身乃一小天地"。

现代人面对无所不在的污染、疲劳、情绪的压力，心灵时常缺乏宁谧的感觉。人在观看自然景观时，大脑中 α 波的振幅显著增加，肌电值和心跳也会比观看人工环境时低，从而使人的血压降低、肌肉放松，恐惧感也会下降。人们若在邻近的自然景色中感受到愉悦、放松及压力减低等恢复效益，则会使居住满意度提高。所以，健康的人居环境应具有安定情绪、抚慰心灵的功效，让人们在使用的过程中能够感到温暖、舒适和慰藉，在心理上获得满足与平衡，激发乐观积极的情绪。同时，应提升人居环境的人文内涵，培育场所认同感和归属感。

居安思危"治未病"

远古先贤针对人体的"病"与"乱",提出"圣人不治已病治未病,不治已乱治未乱。夫病已成而后药之,乱已成而后治之,譬犹渴而穿井,斗而铸锥,不亦晚乎?"的论断。"未病"是指身体已受邪但还没有明显症状的阶段,防之于未萌,治之于未乱,成本最低,也最容易。

高层高密度的城市环境令人压抑、身心紧张,易于瘟疫传播。城市的满眼繁华在面对瘟疫和灾难时,会变得像一个超级监狱。而古代理想人居营造的田园生活,接近自然风光生态系统,其特有的分散居住、低流动社会的特性,是一种天然的防止疫情传播的机制,有利于儿童健康成长、老人减少疾病。

在未来可能再次发生疫情之前,我们应当从优秀传统文化中充分吸收人与自然协调的观念,紧扣人居环境的本质规律特征,补齐城市人居环境的短板。用生态健全和美丽宜居的尺子,以山水骨架为基础、蓝绿空间为主导、园林城市为目标,建设花园式住区、单位、广场、市场、工厂及林荫道等,让市民安全放松地生活工作在阳光中、和风里、园林间、树荫下,彻底消除瘟疫滋生的死角。

参考文献:
[1] 李金路. 从21世纪第二场瘟疫反思中国人居环境[J]. 中国园林,2020,36(10):40-44.
[2] 王贵祥. 中国古代人居理念与建筑原则[M]. 北京:中国建筑工业出版社,2015.
[3] 孙诗萌. 浅谈中国古代的人居理想[J]. 人类居住,2019(3):50-53.
[4] 张凯悦. 从千里江山图到理想环境下的人居环境探索[J]. 现代园艺,2016(10):145-147.
[5] 熊益沙. 唐宋诗人对理想人居环境的探索[J]. 湖南大众传媒职业技术学院学报,2010,10(1):82-85.
[6] 梁文慧,赵洋. 关注身心灵的居住空间疗愈系设计[J]. 中外建筑,2019(9):61-64.
[7] 李江,邓鸭,马克辛. 我国传统人居环境对健康元素的利用及其分析[J]. 中国社会医学杂志,2015,32(1):39-41.
[8] 吴晨,周庆华,田达睿. 中国古代村镇人居环境保护与利用——以陕西柏社村为例[J]. 北京规划建设,2017(6):106-110.
[9] 缪建平,张鹰,刘淑虎. 传统聚落人居智慧研究——以福建廉村为例[J]. 华中建筑,2014,32(8):180-184.
[10] 易佩. 传统村落人居环境营造思想与可持续发展[J]. 现代园艺,2020,43(20):167-169.
[11] 胡文君,赵琛,胡厚国. 徽州传统村落空间形态对当代人居环境建设的启示——以休宁县祖源村为例[J]. 安徽建筑,2019,26(10):28-31.
[12] 闫留超. 江南传统村落的人居环境观研究[D]. 广州:华南理工大学,2018.

韧性城市评价体系和建设框架

□ 奥雅纳

气候变化的持续影响、社会和经济系统波动、加之新冠肺炎疫情暴发，全球城市正重新审视危机状态下的公民健康与福祉、城市规划与建设、应急治理以及可持续发展等城市韧性建设议题。报告提供了六个方面的韧性策略建议，并构建了四个维度的城市韧性评价体系。

节选自奥雅纳《城市韧性白皮书》。

涉及城市的综合性领导力和管理力，涵盖政府、企业和民间社会，通过包容性治理，形成城市抵御灾害的综合治理方案。

涉及各类城市场所、基础设施和生态系统质量的稳定性，以保护我们免受自然灾害的威胁，以及在受到冲击或压力情况下城市关键基础设施的运行水平。

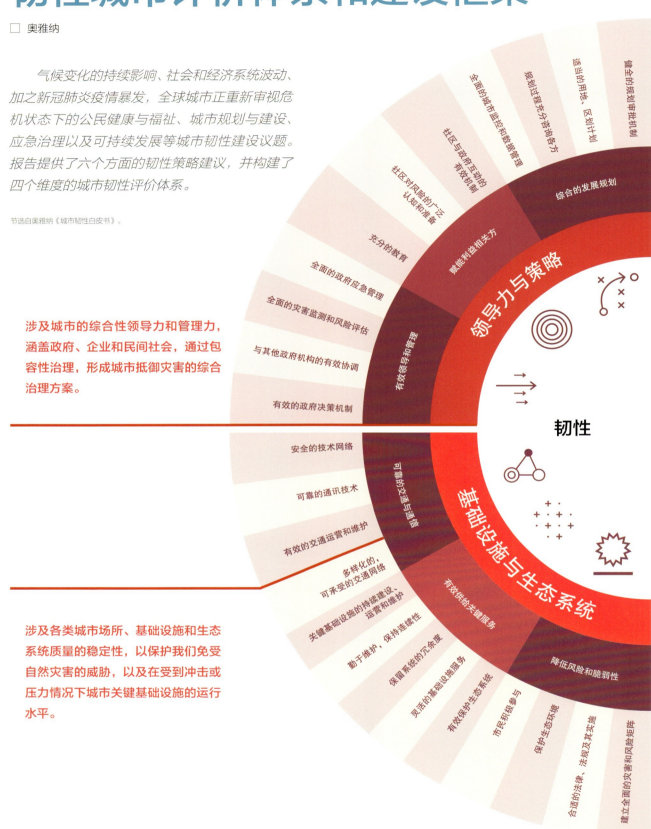

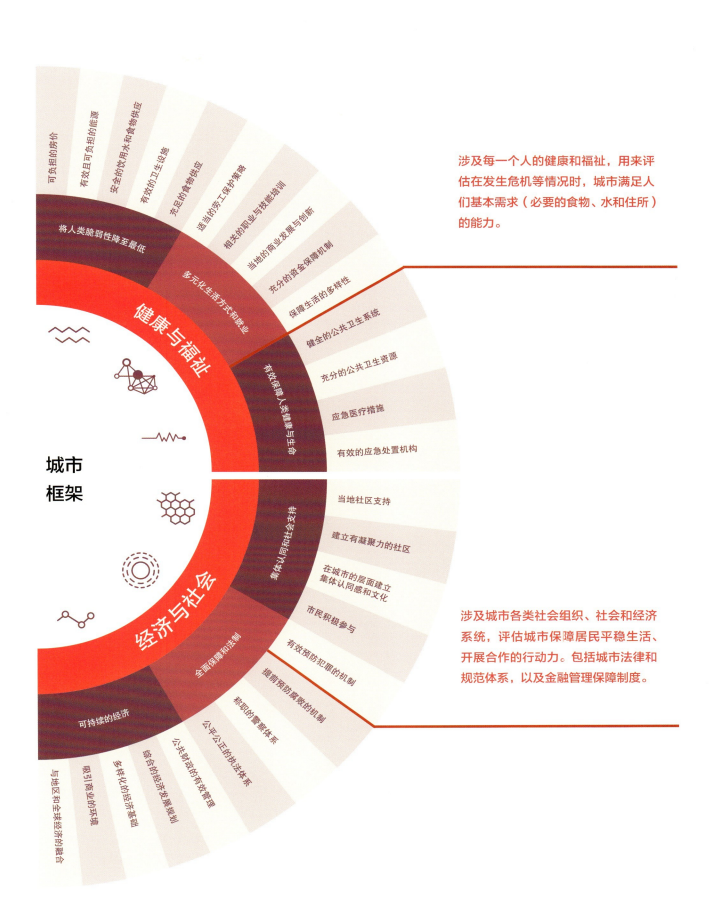

韧性经济：城市的经济韧性及影响要素

增强城市经济韧性的核心是顺应环境变化做出适应性调整，以期在产业结构、动能转换、促进创新等方面实现改变。创造城市经济韧性的关键措施包含以下几个方面。

产业结构多样化。 已有研究表明，产业结构越多样化，城市的经济韧性就越强，能够为居民提供更加多样化的就业岗位，缓解经济周期和经济危机对区域宏观经济的影响。城市产业结构多样化程度每提升 1%，经济韧性水平将增长 1.7%~4.2%。此外，高科技制造业、高端服务业等创新型"新经济"部门的产业份额越高，城市韧性越强。

社会资本的导入。 社会资本的发展可以避免公共品属性带来的"搭便车"行为和"公地悲剧"，社会资本不仅需要加强政府公共服务的意识和能力，更需要提高个体的道德修养与诚信水平，为经济发展营造良好环境。

良好的政策和制度环境。 企业主义经济体现的核心是企业家精神，最具有创新活力，经济韧性最好。联合主义是一种政企合作模式，中央政府会把部分权力下放到地方和私人部门。发展主义是以政府为中心，以经济规划为主导的模式，这种模式容易导致区域锁定，削弱经济韧性。总的来说，政府干预较少，政策环境宽松的地区与城市，社会多样性和经济韧性较好。

多元包容的文化因素。 地方文化相对保守的城市，父母普遍希望孩子在工厂或者机关从事稳定的职业，导致创新力不足。而相反在中国东部沿海城市，社会文化更具有企业家精神，表现出更开放、多元、包容的社会文化氛围。

城市经济韧性框架图

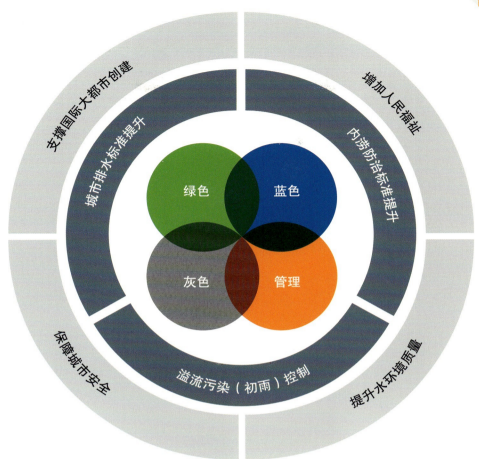

基础设施设计目标

水韧性：以水而定，营造健康的城市水系统

　　水系统是城市运作的基础。后疫情时代，水韧性建设意义深远，城市水系统在其他城市各系统中起到了特殊的纽带关系，对城市的公共卫生、健康防疫和危机管理具有深远影响。

　　来自水系统的冲击和压力会对城市其他系统产生连锁影响，因此需要以"基于水循环的完整体系的方法"来评估和提升城市水韧性，综合考虑城市多元系统及其相互间的复杂影响关系，以更有效地统筹规划和管理。

　　以上海中心城的规划方案为例，该方案在充分理解城市综合系统和城市发展长期规划的情景中，寻找适合城市发展的雨水排水机制，以流域尺度而非孤立的主城区空间范围作为研究对象，制定可行方案，并将排水问题纳入城市水循环中，结合水资源情况、污水和流域洪水特点，寻求水问题的最终解决方案。在策略层面，采取"绿、蓝、灰、管"多种措施，提升城市的水韧性，让能源、经济、公共卫生、健康宜居、生态系统等领域都能从高水平的水韧性中获益。

> 将水韧性建设设置于城市规划进程的核心，改善城市内部水循环，能惠及更多元的城市系统，让我们的城市在面临未来压力或危机时，能更好地抵御、响应、适应和转变。

韧性规划设计：塑造更柔软、多元、联系更紧密的城市

> 创新的韧性规划设计能够创造有适应性、有意义、目标明确且可持续的空间。

据估计，2030 年全球逾 30% 的城市将处于严峻的气候条件下。以下三个方面对创造具有韧性的宜居城市至关重要：一是提供大面积绿色公共空间；二是强化更加多样化的城市功能，刺激增长、优化投资、鼓励社会互动；三是通过可持续交通方式（如步行、骑自行车和公共交通）提升城市各功能片区之间的连通性，不仅能减少二氧化碳排放，还有助改善居民生活品质。

新冠肺炎疫情改变了人们的生活和工作方式，也加快了支持这种新常态所需的数字化转型和技术创新进程。世界经济论坛最近的一项调查显示，有 40% 的人愿意疫情结束后，继续在家办公或弹性办公。这种"慢下来"和"远程工作"的转变，将对城市规划设计产生巨大影响。城市需要提供更好的社区级服务、便利且无障碍的公共服务设施，建筑物及城市开放空间需要进一步加强连通，并根据与社区的独特联系进行针对性改造。

众多城市聚焦绿色慢生活着手开展新行动，如中国各城市开展的"15 分钟社区生活圈"；巴塞罗那实施"超级街区"，将交通限制在 9 个城市街区的周边，并将 9 个街区内的街道变成公共花园；巴黎正在将塞纳河畔的部分用地转化为无车空间，把空间归还给景观大道、行人和骑行者。

巴塞罗那超级街区改造前（左）后（右）对比模式图

巴塞罗那超级街区街道交叉口改造前（左）后（右）对比示意图

韧性基础设施：创建城市可持续发展的生命线

> 全生命周期管理的基础设施能够最有效地应对、吸收和适应风险。

基础设施的生命周期可划分为规划、建造、运营和处置四个阶段。进行韧性基础设施生命周期管理，代替传统仅基于建造成本而作出决策的方法，可统筹考虑各种成本和收益的综合可持续性，确保各利益相关方能够平衡当前和未来的服务交付及使用需求。

韧性基础设施全生命周期管理。需要整合各方优势，促进政府与投资机构、智库、技术提供者等多方合作，让私营部门成为主要投资者和参与者。需要体现平等包容原则，确定哪些服务能够体现更高的社会价值，以及需要哪些资产（土地、建筑、基础设施、设备等）来提供这些服务。

关键韧性基建和城市转型升级。城市内部需要积极投资和适时维护能减少风险的关键基础设施，确保城市安全。城市对外则应加速推进与其他地区的基础设施覆盖成网，确保物资人员流动畅通，缩短运输时间。此外，近年来全球数字化浪潮下，以物联网、5G、大数据、云计算、人工智能等为代表的新技术，也将为实现传统基础设施与城市数字基础设施深度融合提供技术支撑。

韧性公共卫生：健康生活与福祉的韧性

新冠肺炎疫情使得健康与公共卫生成为社会首要关注的课题，但我国公共医疗服务的体系和设施，仍然在一定程度上滞后于城镇化进程和人口增长需求，各大城市公共医疗资源存在不同程度的资源不足与结构失衡问题。

而中国香港和新加坡，则均通过医院区域集群联网的新型组织架构，形成了资源高效协同的韧性公共卫生体系。新加坡将全国医院整合为三个区域医疗系统，建立以公立医院为核心的集群，整合服务、转诊，共享设备、床位、电子病历，发挥综合效应。重症病人会转介到"龙头"医院进行较为复杂的治疗，落实"大院治大病"的原则，有效实行分级诊疗制度。香港规划署《规划标准与准则》规定政府护养院、专科诊所等设施应临近大型医院，促进医护人员与医院相互支援，香港沙田新市镇中，威尔斯亲王医院与香港中文大学医学院共生发展，形成医疗、科研与教学互相促进的卫生"生态圈"。

> 公共卫生医疗体系涉及城市多维、全局和长远的考虑，承担着城市应急和对应冲击的重要公共服务功能。

韧性生态：让城市生生不息

强化生态系统的多样性。 生态学家霍林在其1973年的著作《生态系统的韧性和稳定性》中提出，生态韧性指生态系统结构和功能对外界干扰的稳定程度。生态系统越复杂，如物种越丰富、景观异质性越高，其稳定性越强，受到干扰后恢复能力越强，越能为野生动物提供多元、稳定的环境。

增强生态系统的共生性。 共生性意味着所有健康的、有活力的生态系统由不同的生态群落相互套嵌而构成，它们之间相互融合、相互依存、互惠共生。全系统以有机的、交互的形式构建，缺少任意子系统，系统整体将遭到破坏。

提升生态系统的自适应性。 生态系统中的生物个体，无论大小、无论宏观或微观单元，都有对环境自主的感受能力和适应性，都能对环境的变化作出判断，总结出对策。生态系统的宏观持续决定这无数个个体自适应性的行为、能力和对环境的正确判断。由下而上涌现出来的生命力，才能真正决定生态系统演变的方向。良好的生态系统需要基于分布式与组织式的个体及其行为构建得以延续。

> 城市需要建立在生物多样性的基础上，才能长期、永续地发展。

应用了海绵城市理念建设的昆山市文化艺术中心

韧性城市：
中国城市实现可持续发展的重要途径

□ 城市中国计划（UCI，Urban China Initiative）

韧性城市建设是中国城市实现高质量发展的重要机遇。中国城镇化进入 2.0 阶段，正处于转型升级的攻关期，城市发展正面临着各种急性冲击和慢性压力相互交织的复杂背景。在此关键时期，推进韧性城市建设对于中国城市从追求规模扩张转向质量提升、应对好未来不确定性、实现可持续发展有着十分重要的意义。

黄石市和德阳市是中国二、三线城市中的典型代表，在未来新型城镇化进程中有着广阔的发展空间，两市经过五年的韧性规划实践，顺利完成了韧性挑战的识别、韧性战略的制定、战略举措的初步实施，是中国本土化建设的有益探索，积累了适合中国城市发展需求的韧性城市建设经验，对其他很多城市具有良好的示范效应。

注释：城市中国计划是由哥伦比亚大学麦肯锡公司携手哥伦比亚大学全球中心 | 东亚和清华大学公共管理学院共同创建的智库机构。

中国城市发展面临的急性冲击和慢性压力

急性冲击和慢性压力，给中国城市未来的发展带来巨大挑战和诸多不确定性，暴露了城市自身的脆弱性，迫切需要提高城市各方面的韧性能力，有效抵御各种潜在风险，在不确定的大环境中实现城市的可持续发展。

韧性城市建设是城市应对急性冲击和慢性压力的重要途径

韧性城市建设是中国城市实现高质量发展的重要机遇。开展韧性城市建设将有利于提升产业竞争力和多样化，应对经济转型和宏观环境变化；有利于缩小收入差距，提升公共服务质量，减少失业率，应对社会治理的各种难题；有利于改善环境质量，提高城市宜居水平，应对环境恶化和自然灾害的冲击，最终实现城市高质量发展。从 100RC 试点城市黄石市和德阳市实践的初步效果来看，中国韧性城市建设已取得了一定的成效，中国城市在韧性城市建设的道路上也已迈出了重要步伐。

注释：100RC 指 100 韧性城市项目（100 Resilient City Project），该项目由洛克菲勒基金会于 2013 年发起，在全球 100 个城市开展韧性城市建设的探索实践。

 经济韧性挑战方面

1. 宏观经济进入下行周期，城市经济增速放缓、投资疲软等挑战日益突出；
2. 地方政府债务在依赖土地出让以及地方政府融资平台两个方面存在风险隐患；
3. 贸易持续下滑，贸易摩擦的加剧加大了国际经济环境的风险；
4. 劳动人口数量接近顶峰，劳动生产率增速可能下滑，经济增长下行压力变大。

 社会韧性挑战方面

1. 城市外来人口增加加剧城市基本公共服务供给能力不足和差距；
2. 技术进步在创造新的工作机会的同时，也会替代一些传统就业岗位，带来"技术性失业"；
3. 部分城市政府的治理水平还不能适应城市发展的需要，政府管理缺乏协调机制以及与企业和公众良好的沟通机制；
4. 城市社会安全事件时有发生，给城市公共安全管理带来挑战与压力。

 生态环境韧性挑战方面

1. 水、能源等资源面临长期压力；
2. 城镇化使环境污染压力进一步加大；
3. 极端气候、自然灾害对城市可持续发展带来不确定因素。

来自中国的韧性城市实践：100RC 的有益探索

韧性挑战

通过专家焦点组讨论、市民调研、利益相关方评估、优先级排序等方法，黄石市和德阳市从诸多挑战中识别前五位的韧性挑战。

黄石市面临的前五个韧性挑战
- 城市洪涝（主要急性冲击）
- 水污染与水资源短缺（慢性压力）
- 基础设施老化（慢性压力）
- 经济下行（慢性压力）
- 环境退化（慢性压力）

德阳市面临的前五个韧性挑战
- 城市防震减灾（主要急性冲击）
- 产业转型压力（慢性压力）
- 水资源短缺及污水处理（慢性压力）
- 基础设施不足（慢性压力）
- 乡村发展乏力（慢性压力）

韧性战略

通过确定韧性城市建设的重点领域，制定针对重点领域的行动计划，黄石和德阳两市分别制定了具有针对性的城市韧性发展战略。黄石的韧性战略围绕"五城同创"的目标来制定，由 1 个韧性愿景、3 个重点领域、9 个发展目标和 18 项行动计划组成，并确定了 2019~2025 年间的具体行动计划。德阳的韧性战略由 1 个韧性愿景、4 个重点领域、12 个发展目标和 23 项行动计划组成，并包含德阳在 2019~2025 年间进一步发展和落实的具体行动计划。

战略举措

以韧性战略为依据，黄石和德阳两市在经济、社会和环境领域确定了韧性城市建设的主要举措。在经济韧性方面，主要包括实施创新驱动战略、产业转型升级、加速产业结构调整、提升生产要素配置效率以加快融入都市圈、加快研发平台建设、促进综合交通体系建设以及促进城乡一体化发展等。在社会韧性方面，主要包括加强老城区基础设施建设、加强棚户区和城市危旧房改造、完善老城区公共服务设施、完善医养结合机构建设和服务、构建城市立体综合交通网络、提供多样化高品质的住宅并优化社区环境、创新住房供应体系等。在生态环境韧性方面，主要包括加强地下水资源保护、启动城市水体综合治理、提升城市防洪设施信息化水平、完善城市污水管道建设、完善城市供水保障及应急处置预案、提升城市抗震韧性水平等。在战略实施保障方面，主要包括根据城市实际情况制定合理的组织架构和工作流程、搭建合作伙伴计划、拓宽融资渠道、促进多元社会主体参与等。

主要经验

黄石和德阳两个试点城市通过近几年的韧性城市实践，在一些领域取得了阶段性成果。其经验主要体现在战略高度、科学规划、系统协调、实施机制、规划评估、品牌建设、多元参与和国际合作等方面。这些经验对今后中国其他城市的韧性城市建设也将有所帮助。

以黄石市在试点城市实践中取得的经验为例，该市市长吴之凌强调，韧性城市的理念与"高质量发展"、坚持"底线思维"的要求不谋而合，在当前的时代环境下，中国城市推进韧性城市建设"正当其时"。由于"社会分工紧密性和城市功能复杂性，导致城市各个系统的相互依存度越来越高，所以发生风险带来的影响也会更大"，黄石市为适应韧性城市建设的需要，由市长担任城市首席韧性官，由市住建局和其他各相关部门共同参与，合力推进各项韧性城市建设的工作，取得了良好成效。

战略高度 要从城市发展战略的高度认识韧性城市建设 **1**	**符合国情** 要制定符合中国城市治理体系的韧性战略 **2**	**科学规划** 要科学使用韧性战略制定方法 **3**
系统协调 要促进韧性子系统之间的协调发展、良性互动 **4**	**实施机制** 要建立有效的实施机制方能切实促进韧性城市建设落到实处 **5**	**规划评估** 要提高规划评估能力 **6**

震后重生的新北川

对中央政府的政策建议

在国家有关规划和政策中融入韧性城市的理念，研究制定"韧性+"战略。 中国城市发展面临的经济、社会、生态和治理等多方面的挑战，相互关联性强，要全方位将韧性发展融入相关规划和政策。建议在国家有关规划和政策中体现韧性城市的理念，例如可以在国家经济发展规划，以及各个领域的专项规划和政策中融入韧性理念，贯穿到国民经济和社会发展的大局中，这将有助于打开城市韧性应用的空间，全面提升城市在各个领域的韧性能力。

高度重视韧性城市建设的重要性和紧迫性，把韧性城市建设作为推动高质量发展的重要抓手。 韧性城市对中国城市来说还是一个比较新的城市发展理念，各级政府还需要提高对韧性城市的全面、深刻理解和重视，加强城市经济、社会、生态各个领域的韧性；要从长远的角度，建立起完善且能够应对各种急性冲击和慢性压力的城市发展机制。要在思想上高度重视城市韧性这一理念，在城市发展面临各种不利因素、急需转型升级的关口，抓住韧性城市建设这一重要抓手，着力加强经济、社会、生态以及城市治理的薄弱环节，实现城市的高质量发展。

城镇化 | Urbanisation

7 品牌建设
要注重城市品牌建设

8 多元参与
要鼓励多方参与

9 国际合作
要加强国际及国内城市的相互交流，学习先进城市的经验等

提高战略规划和政策制定的预见性，做好事前预防、预警，以适应未来发展的不确定性。目前在一些规划和政策制定过程中，对城市未来可能面临的产业衰退、债务风险、收入差距扩大、生态环境破坏等问题，以及由此可能带来的风险，其预见性还不充分。要把韧性城市理念纳入战略规划和政策制定与实施等各个环节。比如，在规划制定环节中，做好城市的韧性建设能力评估，识别并预判可能发生的急性冲击和慢性压力，确定韧性发展的重点领域（产业发展、基础设施、资源枯竭、自然灾害等）；在规划实施环节中，做好事前预防、预警，主动规避各种风险，事中积极反馈和应对，事后修复和调整到比之前更好的状态。同时要加强宣传动员全社会广泛参与，建立政府、个人、企业、社区等多主体共同推进韧性城市建设的参与机制，进一步提高社会群体的风险意识和应急能力，提升每一个社会单元自身的韧性水平。

扩大试点，总结韧性城市建设的经验，并向更多城市推广。建议由国家相关部委（如由国家发展改革委牵头，住房城乡建设部、生态环境部、应急管理部等相关部门协同）推进韧性城市试点建设工作，在全国更大范围，选取有不同代表性的城市作为国家韧性城市建设试点城市，并在试点城市实践的基础上总结可复制的经验和做法，向全国其他城市推广。

推动韧性城市的制度建设，组建韧性城市建设的"一库一体系一平台"。制度建设是推进韧性城市建设的重要保障。但目前，多数城市都还没有建立起完善的韧性城市建设的完整制度。建议政府要建立健全韧性城市建设管理体制机制，解决"怎么管"的问题。借鉴智慧城市、海绵城市等部际联席会议的做法，建立促进韧性城市健康发展的部际协调机制；组建韧性城市的"一库（基础数据和文献库）一体系（预警体系）一平台（综合信息管理平台）"，解决"怎么建"问题，比如，借鉴上海韧性城市建设的信息化综合管理平台的经验，逐步研发和建立国家韧性城市建设的综合信息管理平台，包括建立风险数据库、重大灾情的情景构造与推演平台、虚实结合的动态交互平台。

加大政府投入，设立韧性城市引导基金，完善融资支持。建设韧性城市需要大量资金支撑，资金不足是当前韧性城市建设的一个短板。探索把韧性城市建设资金纳入中央财政和地方各级人民政府地方财政中，在中期财政规划和年度建设计划中，优先安排韧性城市建设项目，并考虑设立韧性城市建设引导基金。从金融机构层面，鼓励相关金融机构加大对韧性城市建设项目的信贷支持力度，如积极开展购买服务协议预期收益等担保创新类贷款业务，或是发行企业债券等募集资金。

对地方政府的建议

牢固树立韧性城市的理念并融入城市发展战略和各项规划中。 目前多数城市还没有树立起韧性城市的理念,并将此理念体现到城市发展战略和各项规划中,以指导城市各重大领域的韧性能力建设。黄石和德阳两市都制定了韧性城市发展战略,并在两市的相关规划和实际工作中都充分体现了韧性城市建设的理念和要求。

构建体现韧性城市理念的城市发展指标体系。 目前地方政府的城市发展指标体系(如五年规划指标体系)中还没有充分体现城市韧性的发展目标。建议城市政府建立起体现韧性城市理念的城市发展指标体系,使之成为今后推进城市发展的重要导向。

加强组织领导,增强政府部门之间协调,完善绩效考评机制。 政府职能部门之间条块分割管理不利于建立起完善的韧性城市建设的体制机制,建议成立强有力的领导组织,加强政府部门之间的协作和绩效考核。黄石和德阳的经验是,建立市长或者市委书记牵头、各相关部门参与的韧性城市建设领导小组,统筹推进韧性城市建设的各项工作;构建专家委员会、设立首席韧性官,建立健全绩效考评机制,把韧性城市建设与地方政府年度目标责任考核挂钩。

开展韧性能力评估,明确韧性建设的重点领域,制定韧性城市发展战略,推进韧性建设项目。 韧性城市建设需要明确可操作的实施步骤,才能在实践中顺利推进。黄石和德阳两市的做法大体分为四个主要步骤:一是摸清家底,做好城市韧性能力评估,识别出城市韧性能力建设的短板,形成韧性评估报告;二是确定近期城市韧性建设的重点领域,并纳入当年政府工作报告;三是针对城市韧性建设的重点领域,研究制定韧性城市战略,主要包括发展思路、发展目标、路线图、关键技术、重点领域、政策举措等,作为指引韧性城市建设的行动指南;四是依据韧性城市发展战略,以及综合考虑自然资源、空间布局、发展要素等因素,编制完成韧性城市建设项目清单,并确定近期建设项目。

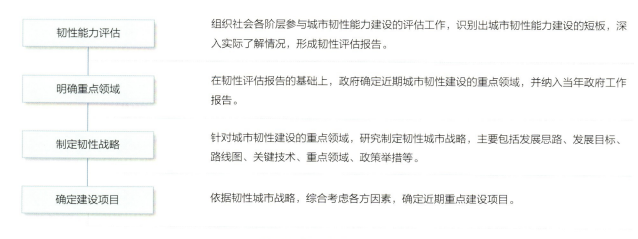

韧性城市建设流程图

拓宽韧性城市建设融资渠道。 为切实推进韧性城市建设，要创新韧性城市的融资体制机制，积极拓宽多元化融资渠道。鼓励金融机构结合韧性城市建设的资金需求特点，增加融资和贷款渠道的韧性评估和评级标准，鼓励保险公司与金融机构建立"信贷 + 保险"合作，建立韧性城市项目贷款风险分摊机制，通过地方政府与国家政策性银行的合作，增加政策性信贷资金对韧性城市建设的保障力度。

加强韧性理念的宣传与推广。 韧性城市建设需要政府、企业、社区和居民等各相关方的共同努力，建议地方政府把韧性城市建设的"生存、适应、发展"的理念融入经济发展、城市建设和人民生活之中，让各行各业的人们理解韧性理念，让韧性理念体现在人们的工作和生活之中。同时，组织开展多层次的韧性城市人才教育培训，尤其要抓好推进韧性城市建设有关部门的领导干部和工作人员的培训，深入学习国内外韧性城市建设的先进理念和经验，尽快提升领导水平和业务能力，以适应韧性城市建设的要求。

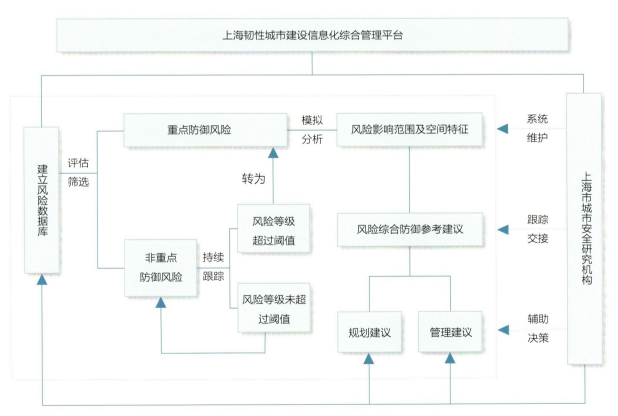

上海韧性城市建设信息化综合管理平台

以韧性城市建设提高应对风险能力
——对话江苏省住房和城乡建设厅副厅长陈浩东

陈浩东
江苏省住房和城乡建设厅
副厅长

"十四五"规划纲要提出要"顺应城市发展新理念新趋势，开展城市现代化试点示范，建设宜居、创新、智慧、绿色、人文、韧性城市"，是首次将"韧性城市"的概念纳入国家战略规划之中，并明确提出建设韧性城市。在气候变化诱发的极端天气加剧的背景下，为提升城市整体应对突发危机的能力，韧性城市建设将会成为我国城市可持续发展的核心要素之一。为此，《城镇化》与江苏省住房和城乡建设厅副厅长陈浩东开展了一次学术对话。

1. 韧性城市将是未来城市发展的重要方向

《城镇化》：《国民经济和社会发展第十四个五年规划和2035年远景目标纲要》中首次提出了"韧性城市"一词，您认为应该如何理解"韧性城市"？

陈浩东： 2016年10月，联合国"人居三"大会将"韧性城市"作为《新城市议程》的创新内容，2021年世界城市日的主题是"应对气候变化，建设韧性城市"。当前，学界对韧性城市的内涵界定还存在一定的差异，但韧性城市概念已得到国际社会普遍认可，按照国际组织倡导地区可持续发展国际理事会定义，"韧性城市"指城市能够凭自身的能力抵御灾害，减轻灾害损失，并合理地调配资源以从灾害中快速恢复过来。

目前，我国的城镇化率已经超过60%，江苏的城镇化率更是达到73.9%，城市中的人口、建筑、生产要素持续集聚。但在过去40年的快速城镇化过程中，城镇建设中遗留了大量的问题，随着气候变化导致的极端天气事件频发，城市面临的不确定因素和未知风险在不断叠加。虽然我们的城市基础设施建设和应急体系不断完善，但在应对突发灾害性事件上仍然显得能力不足，如新冠肺炎疫情的暴发、郑州暴雨事件等，因此，城市如何应对各种变化，既能抵抗城市突发的灾害性事件，又能在灾害发生后迅速恢复、保持既有发展活力，成为当前亟待研究解决的重要问题。

在此背景下，党的十九届五中全会首次正式提出了"韧性城市"命题，《国民经济和社会发展第十四个五年规划和2035年远景目标纲要》又将建设"韧性城市"作为城市现代化的目标之一。如何提升城市的安全韧性，将成为未来城市发展的重要建设内容。

2. 韧性城市建设的重点内容

《城镇化》： 针对当前的城市建设现状，韧性城市建设的重点是什么？

陈浩东： 韧性城市的最重要特征是对灾害具有自我承受和消化能力，在外部环境突然变化时，城市仍具备抵御冲击、适应变化及自我修复能力，这就需要在提高城市系统自身的抵御灾害能力的同时，全面增强城市的适应性。针对当前城市建设的短板，韧性城市的建设需要重点关注两个方面的内容。

一方面要完善城市韧性工程建设。增强城市韧性，提高城市应对风险能力，必须在建筑、基础设施、生命线系统等方面打好基础，才能更深层次地探索韧性城市的建设。建筑上，全面开展房屋设施的抗震性能调查，做好建筑外立面及其附着物加固、拆除等工作，严格审批和监管，杜绝出现新的抗震、防火等性能不达标的建筑，提高建筑防灾安全性能。基础设施上，除了要超前布局各类基础设施建设，还要建设海绵城市，提高城市防洪排涝标准和能力。城市生命线系统上，以风险评估为基础，以公共安全科技为核心，围绕燃气、供水、排水、污水、综合管廊、地下交通设施、桥梁等重点内容，增强城市生命线系统感知和预警能力，提升城市安全风险防控能力。

另一方面要提高城市韧性管理能力。开展自然灾害风险普查，提升灾害研判和风险预警能力，编制完善城市风险地图，结合当前的城市体检，加强城市韧性评估。建设城市生命线公共基础设施安全运行综合支撑平台，以交通桥梁、供水、排水、供电、供气、热力管线等为主要内容，建立城市生命线工程安全运行监测系统，编织全方位、立体化的城市运行安全网。

3. 在韧性城市建设上，江苏城乡建设领域的重点工作内容

《城镇化》： 提升城市排水防涝能力，避免"城市看海"现象，是韧性城市建设的重要内容。江苏省近几年针对城市内涝治理，开展了哪些实践探索？

陈浩东： 近年来，江苏省将城市排水防涝工作作为保障民生的重要内容，坚持系统思维，强化技术指导，加强排水防涝基础设施建设、改造和管养，不断提升城市排涝能力，具体工作主要有以下四个方面。

一是强化组织领导，协调联动推进内涝治理工作。省委、省政府高度重视城市内涝防治工作，高位推进内涝治理工作。省委办公厅、省政府办公厅出台的《城市治理与服务十项行动方案》，将内涝作为城市发展过程中的突出民生问题，要集中力量解决，并推进建成较为完善的城市排水防涝工程体系。同时，每年汛前对全省设区市开展现场检查考核，印发考核情况通报，推进各地加强问题排查、隐患整改和应急响应，不断提升防涝水平。

二是强化技术指导，科学系统提升内涝治理水平。江苏省制定了《江苏省城市排水防涝工作考核标准》和《城市排水防涝工作汛前检查计分细则》，逐项明确检查要点和计分细则，提出具体要求，引导各地高标准开展内涝防治工作。同时，编制了《江苏省城镇排水管网排查评估技术导则》，结合江苏实际，提出测绘、调查、检测和评估"四位一体"的排查方法，指导各地雨污同查、内外同查，力求查一片、整治一片。此外，积极指导各地加强排水（雨水）防涝综合规划编制、暴雨强度公式编制（修编）和设计降雨雨型研究等工作，组织专家对成果严格把关，确保成果可为排水防涝工程建设提供支撑。

三是加强城市内涝防治体系建设，着力提升内涝防治能力。首先是加强易淹易涝片区整治，江苏省每年将易淹易涝片区整治作为城市建设重点工作任务，定期调度进度，适时召开会议强化推进，年底加强考核。其次，在全省县以上城市全面开展污水处理提质增效精准攻坚"333"行动，推进各地开展雨污水管网排查检测和修复改造，实现雨污各行其道，有效保障雨水排放通道。此外，在完成国家部署的地级及以上城市黑臭水体整治任务基础上，全面推进县级城市建成区黑臭水体整治工作，鼓励各地疏浚、恢复、扩大、连通城市水体，进一步提升城市水体蓄水排涝能力。

四是做好日常运维调度，提升城市排水防涝管理水平。首先是通过排水防涝工作考核标准和汛前检查计分细则引导，以考促管，指导各地加强设施养护管理。此外，江苏省还积极推动各地建立完善排水防涝预警应急和指挥调度系统，加强对降雨、内河水位、立交地道和低洼地区积水的实时监测和视频监控，进一步提高应急指挥调度能力和处置效率。

镇江市玉带河整治前

镇江市玉带河整治后

图片来源：
镇江市住房和城乡建设局

图片来源：
苏州市住房和城乡建设局

苏州夏圩港整治前

苏州夏圩港整治后

《城镇化》：海绵城市建设被不少人看作是解决城市内涝的利器，也是韧性城市建设的重点内容。那么江苏海绵城市建设进展如何？海绵城市在防汛排涝等方面的功效怎样？

陈浩东："海绵城市"是当前城市建设中一种新型的雨洪综合管理理念，通过采用"渗滞蓄净用排"的措施，可以有效解决防标准以内的降雨产生的内涝，但遇到极端天气降雨，还得依赖排水系统和应急措施。因此，当前对海绵城市的"万能论"和"无用论"都是片面的。江苏省的海绵城市建设以试点城市和省级示范项目为抓手，在城市新、改、扩建项目中全面落实海绵城市理念，系统化全域推进。通过几年的试点探索，各试点城市防洪排涝能力有较大提升，历史易涝积水点逐步消除，在发生超出城市内涝防治标准的降雨条件下，海绵城市建设试点区域整体应对内涝能力明显好于非试点区域。主要采取的措施包括以下几个方面。

第一，加强组织领导。江苏省住房和城乡建设厅成立了海绵城市建设工作推进小组，将海绵城市建设纳入全省年度城建工作重点任务，定期部署推进。海绵城市建设试点城市政府也都成立了海绵城市建设领导小组（指挥部），明确牵头部门，住房和城乡建设、水利（水务）、自然资源、园林绿化等相关部门协调互动，统筹推进海绵城市建设工作。

第二，持续完善顶层设计和工作推进机制。首先是完善顶层设计，2015年在全国率先出台了《关于推进海绵城市建设的实施意见》，明确了我省海绵城市建设的目标任务、重点措施和保障机制；发布了《省住房和城乡建设厅印发关于推进海绵城市建设指导意见的通知》，提出海绵城市建设的重点工作和主要推进机制。各地也同步制定海绵城市建设配套政策制度，为海绵城市建设、运行和维护管理提供政策保障。其次是注重规划引领，省级层面制定《江苏省海绵城市专项规划编制导则》《江苏省海绵城市建设导则》等顶层设计文件，指导地方开展海绵城市规划编制和建设。三是充分发挥"高质量考核"指挥棒作用，《江苏高质量发展监测评价指标体系与实施办法》和《设区市高质量发展年度考核指标与实施办法》，均将海绵城市建设目标要求纳入其中。四是通过"植入互补"理念，将海绵城市建设与黑臭水体治理、污水处理提质增效、老旧小区改造等城市建设重点工作相融合，如镇江的海绵城市建设与老旧小区改造相结合、新沂的海绵城市建设与水治理结合打造了城市"微水环"与"泛水环"等，以"海绵+"理念促进建设模式创新。

第三，以试点探索带动全域海绵建设。2015年，镇江市经过竞争性评审成为全国首批海绵城市建设试点城市之一。2016年、2017年江苏省也先后确定了14个省级试点城市和15个示范项目。2021年，无锡市和宿迁市成为全国首批系统化全域推进海绵城市示范城市。通过一系列的国家和省级海绵城市建设试点，为全省系统化推进海绵城市建设提供了示范引导，昆山市杜克大学、江南理想和康居公园、中环快速路等项目入选住房和城乡建设部"海绵城市建设典型案例"。试点城市以外，各城市也在同步开展海绵城市建设探索，截至2020年底，全省设区市和县级市建成区符合海绵城市标准面积达到1369km^2，占城市建成区面积28%，城市防洪排涝和供水保障能力得到有效提升。

第四，不断完善技术支撑体系。2015年，设立"江苏省海绵城市技术中心"，整合有关技术力量，开展技术研究、标准编制以及相关技术推广与指导。2017年，"江苏省海绵城市联盟"在南京成立，进一步加强了海绵城市产学研用之间的合作。依托海绵城市技术中心、海绵城市联盟等平台，编制了《江苏省海绵型道路建设与运行维护指南》《江苏省雨水花园建设与运行维护指南》《海绵城市设施通用图集》等若干技术指南、标准，为海绵城市项目建设、运维管理提供技术支撑。

第五，加强海绵城市建设资金支持。一方面通过专项资金支持试点建设。省级财政先后下达资金 11.29 亿元，支持 14 个海绵试点城市和 15 个省级示范项目建设。另一方面，还通过创新方式、综合施策，切实加大财政支持海绵城市发展的力度，"十三五"期间，全省各级地方政府通过专项债券支持海绵城市建设项目 274 个，累计金额 180.25 亿元，涵盖海绵城市试点、污水管网建设、雨水排涝治理等方面。

第六，强化全程指导监督。一是建立了工作月报和通报制度，要求试点城市每月上报海绵城市建设进展。二是组织第三方单位专家和技术骨干，定期对全省试点城市开展现场调研评估和项目建设指导。通过工作月报和第三方技术单位技术指导，全面摸清试点城市的海绵城市建设组织领导、政策制度、建设进展、资金投入和建设效果等方面的基本情况，分析海绵城市项目建设中的问题，并进一步提出完善建议，为建设高质量海绵城市项目提供了支撑。

资料来源：
江苏省财政厅. 江苏财政：发挥财政职能作用 系统化推进海绵城市建设[EB/OL].(2021-06-11)[2021-08-30]. http://www.mof.gov.cn/zhengwuxinxi/xinwenlianbo/jiangsucaizhengxinxilianbo/202105/t20210524_3707475.htm.

昆山海绵城市示范基地

宿迁海绵型校园——马陵高中

新沂海绵城市建设"微水环"

武进丰乐公寓海绵城市改造

无锡净慧雨水花园

苏州海绵型公园——白洋湾公园

图片来源：
昆山、宿迁、新沂、常州、无锡、苏州等市的住房和城乡建设局

昆山中环路海绵城市改造

《城镇化》： 地下空间管理作为韧性城市建设的重要内容，江苏有哪些成功经验？重点做了哪些工作？

陈浩东： 近年来，我国地下空间，尤其是城市地下空间开发利用取得了长足进步，地下空间利用逐步综合化、系统化、深层化，已具备了作为城市未来战略资源的条件。地下管线作为城市地下空间最重要的内容，是保障城市运行的重要设施和生命线。近年江苏省住房和城乡建设厅聚焦地下空间高质量发展开展了诸多工作，尤其是地下管网的完善和管理方面，很多做法得到业界和社会的广泛认同，并在全国推广。

江苏将城市地下管网安全生产作为重要内容纳入安全生产三年行动计划，通过拉网排查、挂牌督战，消除各类隐患，坚决守住安全底线。江苏以"绣花功夫"摸清地下管线的"家底"，大力推进城市地下管网普查，不断完善地下管网。2020年全年完成雨污水管网排查7013km，消除污水直排口570个，消除管网空白区48km²。"十三五"期间城市老旧二次供水设施改造基本完成，老旧燃气管线改造消除率80%以上。开工建设地下综合管廊达300km以上，投入运行达120km以上。建立全省城市供水信息管理系统、桥梁安全监管系统、城镇污水处理信息管理系统、瓶装液化气安全监管系统，完成住房城乡建设部委托的"城市照明管理信息系统"研发任务，并组织在省内试点应用，市政公用行业信息化监管水平得到进一步提升。

《城镇化》： 全球气候变暖，极端天气发生频率增加，江苏省住房和城乡建设领域在应对全球气候变化带来的自然灾害方面，还做了哪些工作，取得了哪些成效？

陈浩东： 气候变化问题是全人类面临的严峻、现实挑战，其引发的强降雨、风灾、暴雪等极端天气，给江苏部分城市运行带来了巨大困扰。

针对台风和局域风灾，我省住建系统重点开展了对城市高楼塔吊、广告牌等高空构筑物的加固，对建筑工地和城市危房的安全检查和疏散演练等工作，实施市政设施的防护和巡查，做好城市树木支护工作，及时开展建筑受损和安全评估，实施危房加固和老旧小区更新。

针对暴雪天气，已制定较为完善的应急预案，主要完善供水、供暖、供气等系统的防冻措施，提高城市扫雪除冰应急处置能力，努力实现"一夜雪无"目标。针对高架、市管道路桥梁等易引发霜冻的位置进行巡查检查，组织开展维修应急演练。

南京开展扫雪除冰行动,擦亮"一夜雪无"名片

4. 江苏省韧性城市未来建设的重点内容

《城镇化》:未来江苏在韧性城市建设方面,将做哪些努力?重点工作有哪些?

陈浩东:作为经济大省,江苏以占全国1%的土地、6%的人口,创造了全国10%的经济总量,稳住基本盘责任重大。为此,全面提升对各类突发事件的应变能力、抗压能力、恢复能力,在遭受重大风险冲击后仍能快速回到正常轨道,建设"韧性城市"尤为必要。下一步,江苏城乡建设将围绕提升城市"免疫力",全力打造"韧性城市"重点开展以下工作。

一是重点持续抓好海绵城市建设,"十四五"期间指导各地借鉴试点城市经验模式,进一步健全完善海绵城市建设体制机制,推进新改扩建项目的海绵城市理念有效落地。统筹实施海绵项目建设,加强海绵城市与美丽宜居城市建设、老旧小区改造、黑臭水体治理、防洪排涝等工作的协同推进。督促各地加快建立健全海绵城市建设项目建设全过程管理制度体系,加强建设项目管理和验收,通过系统化全域推进海绵城市建设,力争到"十四五"期末,城市建成区50%以上的面积达到海绵城市建设目标要求。

二是强化城市内涝治理。"十四五"期间,将进一步督促指导各地编制城市内涝治理系统化实施方案,加快组织实施,按照"源头减排、管网排放、调蓄并举、超标应急"的思路,系统推进城市内涝综合治理。结合城镇污水处理提质增效"333"行动,加强雨水管网的排查、检测和整治修复,提高设施完好率。最后建立完善排水防涝智慧化平台,实现由信息化向智慧化转变,确保排水防涝设施高效运行,实现及时预警和高效应急处置,保障城市安全运行。推进排水防涝设施养护工作的规范化,大力推行机械化养护作业,提升排水防涝设施运管水平。

三是深入推进城市生命线安全工程建设。"十四五"期间,江苏将积极发挥既有工作基础优势,持续深化地下管线交互影响分析,为城市生命线工程建设工作的开展提供支撑;以公共安全科技为核心,以物联网、云计算、大数据等信息技术为支撑,构建"数据+模型+共享"的城市生命线安全工程运行监管平台,实现风险识别、透彻感知、分析研判、辅助决策、应急响应等功能,使城市生命线管理从"以治为主"向"以防为主"转变,从"被动应付"向"主动监管"转变;进一步加强探索研究,形成可复制、可推广的经验,努力为全国生命线工程建设提供"江苏样板"。

以人民为中心的城乡人居环境该有的样子

周岚
中国城市规划学会副理事长，江苏省住房和城乡建设厅厅长，九三学社江苏省委主任委员，教授级高级城市规划师

新冠肺炎疫情，迫使许多人"宅"在家中，引发了全社会对公共卫生健康话题的集体讨论和反思，其中有不少对于疫情防控以及疫情之后国家治理能力提升的真知灼见。疫情让我们反思人类和社会该有的行为边界，也让我们思考以人民为中心的城乡人居环境该有的样子。

关于建筑的"风"和"水"

天津宝坻商场的疫情广泛传播、疫情粪－口传播的可能性等消息，让全社会前所未有地关注着建筑的空气质量和水的健康循环问题。这使得笔者突然明白了古人的风水理论，实是祖先在生产力水平低下时对自然环境的智慧善用。新冠肺炎疫情传播途径让人深刻反思，新时代以人民为中心的建筑，在适用、坚固、美观的同时还必须是绿色的、健康的，我们的建筑设计和工程标准规范，需要增加对自然通风、新风使用、洁净的自来水、下水系统的卫生处理等更加明晰具体的规定要求，并通过法规、监管以及业主的行动予以落实。

我们需要针对性补上公共建筑室内空气品质短板，因此对人员密集的大型商场、医院、交通枢纽等公共建筑，需要强制推行室内空气品质实时动态监测以及公告制度。通过国家立法和社会监督，倒逼公共建筑业主单位规范新风系统运行，切实改善建筑室内空气品质，将习近平总书记强调的"要把人民群众生命安全和身体健康放在第一位"指示要求真正落到实处。

关于城市的聚与散

城市是聚集的产物，城市因聚集带来高效，但城市的过密化又会产生环境和健康问题，因此建设集约紧凑，且环境宜居的城市是规划建设者的永恒话题。此次新冠肺炎疫情警醒我们：由于现有医院、传染病院难以按灾害发生时需求容量进行扩建，因此，未来在加强公共卫生体系建设的同时，需要提前储备"战时"临时医疗中心快速实施方案，以便于灾害发生后第一时间启动，确保不延误救护"战机"，这是贯彻落实习近平总书记关于"平战结合"重要指示精神的具体举措。将"体育馆改造为临时医疗中心"作为国家公共卫生应急储备选项，要求各地按照国家公共卫生应急管理体系建设的要求，根据本地区医院、传染病院以及体育馆等设施的实际情况，委托有关设计单位提前完成体育馆应急改造设计，同时做好相应战略物资储备工作，便于灾害发生后第一时间实施。

疫情除了让我们思考必须加强城市"平战结合"的公共医疗卫生体系建设外，也促使我们再次深刻反思城市适宜的规模和结构、密度和强度、开放空间体系和建设用地的"图底"关系，以及公共服务体系的科学配置和基层社区生活圈的合理组织。

关于城与乡的二元互补

城市和乡村意味着两种不同的生产和生活方式，在工业文明的单一视角下，城市被认为是发展进步的理性选择，这是乡村式微的背后动因。疫情促使人们重新思考城乡关系，从人的全面发展和身心健康角度看，乡村舒缓的生活节奏、开敞的自然空间、熟人社会的亲切感，是拥挤、紧张、高效城市生活方式的极好平衡。1898年霍华德提出了结合城市和乡村的优点构建"田园城市"，今天在国家明确"乡村振兴和新型城镇化双轮驱动"的时代背景下，如能抓住疫情推动乡村建设的供给侧结构性改革，建设"三生融合"的特色田园乡村，有助于推动生态文明背景下的城乡"各美其美、美美与共"的格局形成。

城乡人居环境的中心是人，美好人居环境的创造和维护，需要人类行为的自律、他律以及社会的共同缔造。

泛智慧城市技术提高城市韧性

在当前技术塑造的"新"城市背景下，多方应对疫情的手段相比 17 年前的非典时期有着千差万别。笔者将以各种新兴技术为线索，观察和讨论泛智慧城市（即不囿于政府主导的智慧城市）的不同技术在这次疫情应对过程中如何提高城市的韧性（弹性）。

大数据：不仅是对海量数据的应用，更是对应着思维方式或城市与社会运行方式的改变。从疫情的实时查询、可视化、接触人员识别、分析预测，到辅助资源调度与防控决策，可以看到大数据已经成为居民生活、城市运行的重要参与媒介。

人工智能：其算法可以更好地将医疗资源、社会资源与城市空间相匹配。从辅助病毒分析、药物研发到智能识别医疗图像及公众体征，人工智能技术大大提升了医疗工作的效率；智能外呼服务及疫情自助咨询服务则更加体现其"科技向善"、人性化关怀的一面。

移动互联网和云计算：移动通信技术的迭代使得大量日常事务得以线上运行，例如居家办公、线上教育、线上娱乐等，通过虚拟连接与空间隔离大幅提高了疫情时期公众居家生活的"耐力"。咨询科普预约、物资供需匹配、疫情线索上报甚至是远程医疗会诊，也得以借助高速通信网络及应用生态平台发挥巨大效用。而云计算作为大规模线上业务运行的核心幕后支持，其弹性扩容能力也保证了春节和抗疫期间流量暴涨业务的正常运行。

传感网与物联网：不论是救灾物资的高效运输、医疗资源的追踪监管，还是医疗环境、病患体征的智能感知监控，抑或是智能健康家居的布置，无不与传感设备及物联网技术密切相关。随着应用成本的逐渐降低，万物互联将会成为可能，传感网与物联网或将成为未来应对疫情最核心的支持技术。

机器人与自动化系统：无人化趋势在本次抗疫过程中得以较多体现，如无人运营超市、无接触式智能配送机器人、自动化消毒机器人、导诊治疗机器人、巡航警示无人机等的出现，可以最大限度地降低交叉感染风险。

智能建造：在智能建造技术群（BIM 建筑信息模型、装配式建筑技术等）的支持下，建筑基础设施的施工效率和精准度有着大幅度提升，为应急医院建设和设施提升提供充分保障。

虚拟现实 / 增强现实 / 混合现实：受到疫情影响更大的是城市空间，我们不能出门、不能逛街。而虚拟现实、增强现实、混合现实技术所体现出的沉浸式、交互性、多感知性和构想性特点，有望让人们把目光从实体空间转向虚拟空间，拓展居家生活的"活动"场景与范围。

共享经济：在应对疫情的过程中，共享经济作为对传统经济的补充，发挥了互助作用，保证了一部分供需关系的建立。不同社会力量在运营的同时共享资源、共享服务、共享技术并具有风险共担的关怀，这种共享思维不仅仅在抗疫时期，在未来城市发展过程中也将发挥巨大的潜能与作用。

希望在未来的重大公共卫生事件中，泛智慧城市技术可以得到进一步的广泛应用，它们的出现让我们的城市更有韧性，也让我们在应对疫情的过程中更有信心！

龙瀛
中国城市规划学会城市新技术应用学术委员会副主任委员，清华大学建筑学院特别研究员，博士生导师

只有转向社会治理现代化，才能弥补疫情应对中的不足

尹稚
中国城市规划学会副理事长，清华大学中国新型城镇化研究院执行副院长，清华大学城市治理与可持续发展研究院执行院长，清华大学建筑学院教授

反思城市规划与公共卫生事件应急管理

现代城市规划的源起确实与公共卫生条件的改善需求有着十分密切的关系。工业革命催生了现代城市，但它的初始状况很可怕，大量产业工人因就业涌入城市，导致欧洲传统上仅为神权和皇权贵族服务的城市建设模式不堪重负，贫民区大量出现，卫生条件如同地狱。

为了解决现代城市因人口激增、过度拥挤而产生的各种噩梦，有识之士开始推动符合基本卫生条件（至少每户拥有卫生间）的工人阶级住房建设，推动地方政府担负起公共市政设施的供给，如供水排水、清洁环卫服务等。

1848年，全球第一部公共卫生法案出台，1885年，工人阶级住房建设法案出台，1909年，城市规划法案出台，这一切都发生在工业革命的发源地英国。

如今，城市规划工作形成了现代城市的建设范式，市政社会主义的传统流传至今，主要由政府提供的城市市政基础设施和公共服务设施，对大众生活质量的改善发挥着巨大作用。虽然各国发展阶段不同，贫富有差异，但用规划手段保障城市运行常态下，不同标准的公共卫生安全和公共医疗资源配置，一直是各国政府和各级地方政府的努力目标。

目前，我国人均寿命大幅提高，城市的硬件配置标准正迅速接近发达国家水平；但在人均医护资源方面，仍有较大差距，医护人员面临远超正常负荷的工作压力，同时公共卫生理念和决策体系有待优化。这不仅包括此次疫情中暴露的信息不畅、监管漏洞、预案缺失等系统运作问题，还包括不符合当代公共卫生理念的社会陋习，如滥捕滥食野生动物，饲养、屠宰、销售等环节存在大量不符合卫生规范的人畜（禽）接触等。

但仅靠提升城市规划水平并不能解决这些问题，涉及领域更为广泛的"社会治理现代化"才是解题的关键。以空间资源优化利用和合理分配、合理获益为核心的城市规划，其作用不容忽视，但也不应无限放大。只有转向更为广泛的社会治理手段优化，社会行为规范改进，才能修补中国社会在公共卫生领域的欠缺和公共卫生事件应急管理中的不足。

直白地讲，城市规划指导下的硬环境建设相对容易提升，只要有足够的投资倾斜，可以在短期内达到甚至超越发达国家的水平。但公共卫生理念要做到深入人心，成为全体国民的自觉行为，则是一个更为长期而艰难的过程。

反思疫情之下城市规划的短板

规划之于疫情，最大的作用是防患于未然，即风险防控。城市规划的信息服务职能最擅长把活动个体（人、车、动物等）的运动交往和空间坐标耦合在一起。这样，既可实时显现用于监控、监测，也可时段性积累探索规律。这对识别、评估各种风险要素以及开发不同用途的"风险地图"至关重要。

城市规划关注各种流，如人流、交通流、物流、信息流等，在一个超高流动性的现代社会中，防止疫情扩散的核心环节是控流和导流。控流是防扩散，导流是保供给、保后勤、保正常生活秩序，保不可中断的生产。所以常态下对各种流的分析和规律积累很重要，这样，应急时才知道闸门设在哪里可以节流、断流，也知道什么渠道需要严防死守，什么渠道需要保障畅通。

平战结合的核心是场地预留。战时，迅速而及时地扩充医疗资源十分必要，但这和常态下医疗卫生设施提升水平补短板不是一码事。所有的疫情应急处理都不能靠常备正常医疗资源去解决，一定是迅速汇集跨地域、跨国资源，汇集民用和军用资源，并集中于疫情高发地区配置使用。但无论是突击建设临时医院，还是部署移动性野战医院，没有场地一切都是空谈。

因而，城市不能没有开敞空间，露天市场、大型露天停车场这类原本就有水电等基础设施支撑的开阔场地，都是战地医院的最佳选址；其次，室内化的大型空间也不可或缺，所有大跨度空间，如体育馆、会展中心等，也都是布置更高要求战地或方舱医院的好选择。

反思城市人口规模增长与人口流动

这次疫情中,"数字技术"的应用不仅是健康码的普及,各种数字化的管理、治理和服务增强技术被广泛应用于政府工作和老百姓的衣食住行。

其实,在疫情之前,中央就已开始布置新型基础设施建设,这将会推动新一轮数字科技发展和应用的高潮,"数字城市"也会迎来新的发展契机,这无疑让投资者、从业者、消费者充满期待。但与这种技术"狂欢"相对应的是,治理中还存在大量简单粗暴的"一刀切"现象。

科学技术的进步并不会必然带来社会治理的进步和社会冲突与矛盾的化解。早在20世纪30年代罗斯福新政时期,就有将"科学精神引入政治和工业领域"的倡导和实践,并催生出一个所谓专家治国的"科学主义至上"的发展时代,这个时代正是西方发达国家物质环境建设的高峰期,深刻影响了欧美城市面貌的现代化。以驾驭科技实现发展为核心的"发展主义"理论,创造了全球发达地区的现代化"景观",但并没有实现当初预设的大部分社会目标,很多项目还留下了环境破坏的后账。

在迷信互联网能改变一切的专家眼中,"世界是平的"。可真实世界永远不是平的,差异和峰谷始终存在。中国的工业化和现代化进程不过百年,当下的主要矛盾还是发展不充分和不平衡的问题。理念落差、物质基础落差、文化教育落差无处不在。杭州使用健康码实现人群的识别和隔离,高效先进;农村地区挖沟断路对疫情防控也直接有效。有远大高尚的目标没有问题,但"违和感"是否刺目要放到具体的文化环境中去理论,当然简单粗暴到违法就另当别论了。

数字技术的应用也存在大量需要完善的非技术问题,例如手机上的健康码,它的可信度是以治理规则为前提的,即办号实名制。否则一人刚从国外疫区回来,落地后拿到一部"健康手机",不也是可以处处"绿码"通行吗?而且中国跨地区、跨部门的数字化互联互通机制还在行程中,"数字孤岛"现象不少,这也使得技术有时不那么"好用","人肉治理模式"还会存在。

疫情对中国城市发展路径的警示

武汉新冠肺炎、北京非典肺炎,突发性公共卫生安全事件接连在大城市出现,带来的警示绝不仅仅局限于城市化的发展路径,甚至影响城市化路径选择的核心因素,如空间布局、产业分布、网络化基础设施建设、公共服务体系提升等,任何单一视角、单一要素在疫情防控中能起到的作用都不应被夸大。

真正应该警示的有以下几个方面:首先,城镇化水平越高,聚焦和加强风险源头控制就越重要。对于中国这样的高流动性社会而言,一旦传染源失控,其防控代价将呈几何指数上升。如果不存在失控的接触介面,那么就不会有被传染的风险。

其次,城镇化的过程必然伴有大规模的流动,人流、物流都可以成为病毒的载体,而利用好信息流则是做好防控的关键。对信息流的积累以及后续的复盘、评估、检讨,将会形成一份价值巨大的数据资产,并会改变与此相关的法律、规章和工作流程。"抗疫"经验与教训也将会成为政府长效治理能力变革的推手,人可以经历疫情而产生抗体,希望城市和国家在这次疫情后能自我学习而产生"免疫抗体"。

当然,利用好信息流不是纯粹的技术问题,人的因素更重要。人的价值观决定了对信息的偏好,从而会出现选择性失明、失聪、失察;人的科学素质也会影响对信息的判断力,难分轻重缓急;人的贫富差异也会影响信息利用能力。信息技术的发展天生就带有使弱势群体被更加边缘化,财富汇聚更加寡头化的特征,这些都需要依靠技术以外的进步去克服。

疫情面前,城市韧性的根本是人的韧性与坚强。前些年,中国韧性城市的建设重在提升基础设施韧性,而对制度韧性(组织和管理人的)和社会韧性(社会由人构成)的关注则相对较少。

经过此次疫情,我的一大感受是中华民族的文化中强调吃苦耐劳、集体主义、家庭观念的基因,都有利于形成更好的社会韧性。武汉人民和武汉这座城市是英雄的人民和城市绝不是虚伪的赞美口号。

当然,问题也有很多。例如,医疗卫生系统保障平时就捉襟见肘,显然谈不上有正常的系统冗余;我们的制度韧性还存在漏洞,技术性传导出现问题;城市的发展方向靠政治过程把握,城市的正常运转则是由行政过程支撑,中国城市的行政过程应认真反思补强。

2020/2021 中国城市规划年会"空间治理转型及行业变革"学术对话观点

□ 整理 江苏省城镇化和城乡规划研究中心

2021年9月26日,作为2020/2021中国城市规划年会暨2021中国城市规划学术季的重要活动之一,由江苏省城镇化和城乡规划研究中心承办的学术对话"空间治理转型及行业变革"在成都召开。会议邀请了多位全国著名的业界专家齐聚一堂,围绕新发展阶段空间治理的需求和供给变化趋势,深入交流研讨如何以空间治理转型助推高质量发展,并从城乡规划设计学科发展角度展望行业未来,为中国新型城镇化下半场贡献专业力量。

石楠
中国城市规划学会常务副理事长兼秘书长,国际城市与区域规划师学会副主席,《城市规划》杂志执行主编,教授级高级城市规划师

规划行业变革和空间治理转型

规划本身的概念并不是一成不变的,规划学科的知识体系、规划行业的职业工作以及规划职能的行政要求,构成"规划"的三个元素。促进规划行业科学性发展,要尊重规划的科学性和学术性,以科学的规划引领城市发展和空间治理;要加强规划行业的学术诚信,不断强化行业的公共政策属性和从业者责任感;要正视行业职责,不断挖掘现实问题、积累实践经验,既要支撑政府履行职能、科学决策,又要推动行业变革、学以致用。推动规划行业向空间治理变革,要超越物质空间,走向空间治理,谋划空间治理模式的转型与发展;要遵循客观规律,响应时代的需求,满足人民日益增长的美好生活需要,面向更加公平、更加均衡、更加高质量的发展;要围绕良好的空间治理,积极应对新挑战和新要求,实现从增长到发展的认知转变,并通过空间治理手段推动实现第二个"百年目标"。

伍江
中国城市规划学会副理事长,同济大学原常务副校长、教授,法国建筑科学院院士

城市空间治理的四大关注点

空间的公平正义、公权与私权、包容与人性化是城市治理的重要方面。公平公正要聚焦人,要从"抽象的人""标准的人",走向"具体的人",从"人"走向"人人"。要把握好公权私权关系问题,明确区分公权私权边界,避免不合理干预。城市治理其实是公权力对于私权力的限制,以及公权力对自己的约束,因此空间治理要由过去单一的政府治理走向社会治理,不要过分干预市场;要建立全方位的治理体系,从政府治理走向社会治理,要通过法律、法规限制市场的非理性部分及其理性部分对私人权力造成的消极影响,但不能因此而限制市场;要关注空间治理人性化,所有品质背后只有一把尺——就是人舒不舒服。进一步纳入运营和服务,形成规划、建设、管理、运营、服务的闭环,构建"规、建、管、运、服"一体化城市管理体系。

城市发展动力转型与学科行业凤凰涅槃

城镇化的发展动力变化是引发城市规划行业、学科变革的核心逻辑。随着国家住房、土地政策的调整,以及经济社会转型,由"空间牵引发展"主导城市增长的发展逻辑已经发生变化,这决定了城市规划的行业、学科必须随之调整,需要发挥团队智慧与时俱进地应对,要通过广泛实践、沟通交流、相互借鉴,进而推动行业随着国家的发展不断发展。规划、设计、研究会进一步分化和融合,规划更强调政策属性及其公开性、公正性、透明性;设计更强调因地制宜地对空间进行场所塑造以及家园场所感营造;研究将大大扩张,为更好、更精准的公共政策、设计提供学术和技术支撑,聚焦城市规律的探寻,强调理性、深度、中立。同时三者也会面临融合,规划、设计和研究必须与经济、文化、新技术等方面深度融合、交互协同,才能实现更高质量的空间治理,形成中国特色的治理学科群。未来是中国"城市文化"蓬勃发展的时期,也是中国都市社会逐渐成熟的时期,人-文化-经济-空间的交互融合协同,是下一个阶段空间治理的关键,我们未来会看到更多空间相互融合塑造、小微精细的美好故事,也会看到中华民族伟大复兴美好背景下中国城市现代文明的发展形成。

周岚

中国城市规划学会副理事长,江苏省住房和城乡建设厅厅长,九三学社江苏省委主任委员,教授级高级城市规划师

走向城市治理的规划设计

当代城市发展的规模、速度、复杂性远超以往,城市规划设计的内容也超越了建筑、景观、市政工程的范畴,相应地城市空间体验也不仅仅是规划设计的产物,更是设计过程与开发过程、使用过程、经营管理过程共同塑造的结果。在这种背景下,城市设计必然要超越空间本身,要走向更综合的治理。当前时代背景下,城市治理的总体纲领为"一个中心",即"坚持以人民为中心",目标为满足人民的需求,城市公共物品和服务的生产供给,都要围绕人民的需求做决策。因此,在新时代,城市规划设计作为空间治理工具,应该坚持以人民为中心进行城市治理的转向,相应地多元化、网络化、自主进化、精细化、依法、全周期、善治等城市治理的新内涵也应该反映到城市规划设计中。新时期的城市规划设计要响应真实的社会需求,坚持发挥规划设计的工具价值,深度参与治理现代化,以实现经济价值、推动社会改良、优化环境资源利用。规划设计要与全要素社会治理的现代化密切结合,与全要素资源利用能力优化与提升相结合,与全要素全民生活质量提升相结合;要形成多科学共同体、多元主体型治理联盟,需要打破学科界限、行业界限的知识图谱,建构新的规划设计治理工具体系,最终才能凸显出规划设计行业在共建、共管、共治社会治理全过程当中的角色价值。

尹稚

中国城市规划学会副理事长,清华大学中国新型城镇化研究院执行副院长,清华大学城市治理与可持续发展研究院执行院长,清华大学建筑学院教授

李晓江
全国工程勘察设计大师，中央京津冀协同发展专家咨询委员会专家，中国城市规划协会副会长，教授级高级城市规划师，曾任中国城市规划设计研究院院长

空间治理转型与四大资本的若干认识

新时代社会主要矛盾的转变需要推进社会治理的转型。社会公平正义、碳中和以及实现共同富裕是空间治理转型需要解决的三个核心议题。在城市社会变迁的背景下，要实现社会公平正义，需要空间供给多元化与空间组织、设计创新，为中等收入群体、弱势群体提供多样化空间以满足不同群体的多种需求，空间组织方式与规划设计要从重视宏观规划的功能性转向中观、微观空间的合理性；从传统的增量、等级的空间组织模式转向存量的、网络化的空间组织模式；从单一的要素供给转向多元要素的混合供给；从关注物理空间的效率转向人对空间的使用便利和心理体验。同时城市空间的设计要符合社会文化与审美价值的变化，从关注开发效率转到关注人的需求，从功能的碎片化转到多元融合，从宏大形象转到人的尺度，从开发效率转向场所精神。从法理出发，未来空间治理的核心，是通过空间资源的合理配置，进一步提升空间资本、社会资本、人力资本和自然资本的水平。

赵燕菁
中国城市规划学会副理事长，厦门大学建筑与土木工程学院、经济学院双聘教授

空间规划治理转型的三个方面

空间治理转型主要包括规划对象、手段和支撑学科三个方面。规划对象方面，过去 30 年规划对象从以增量规划为主转变成为存量规划为主，而存量规划不是增量规划的延伸，而是一种完全不同于增量规划的规划，应由市场来发现不同用地的需求，而不是从用地平衡表里发现不同的用地需求，应注重通过管理和调整现状人口构成，来寻求城市最大的效益，而不是关注人口规模。规划手段方面，国土空间规划必须从计划时代的"手段模式"转向市场时代的"自动模式"，让价格的信号对市场主体的这些行为起到决定性的作用，而不是沿用老指标和红线。学科发展方面，要从经验性的规划转变成为有理论支持的学科，包括对改革开放以来中国特色城市的空间结构发展的理论，对城市发展动力的理论，以及网络、经济和大数据领域新的规划探索等。只有整个行业将自身的深层属性从工程设计拓展到制度设计，才能够适应从增量阶段向存量阶段的转变。城市规划的空间已经从城市拓展到农村，从陆地拓展到海洋，从土地拓展到所有的资源，这就要求城市规划行业的知识也要随之拓展。这不取决于规划设计行业在以前会做什么，而是取决于未来的现实需要行业做什么。

从空间治理看大城市住房问题

空间供需错配是大城市住房问题的核心。"人往高处走，地往低处流"，建设用地指标的空间错位，以及地方政府用以划定城市边界的规划，导致大城市土地供应不足。大城市住房供需错配的主要表征有：建设用地供应总量方面，土地开发强度不高，但供地政策偏紧；用地结构方面，商服用地相对过剩，而住房供给不足；用地布局方面，就业和消费在城市中心、居住在城市周边，导致场景需求错位，职住均衡但房价高，职住分离但房价低。房价控制的核心在于减少财富不均，要根据家庭住房情况，而非婚姻和户籍来进行限制。要增加大城市建设用地供应，建设用地供应要做到"地随人走"，着力优化用地结构，打破按照行政区域设定开发强度的桎梏，加快集体经营性建设用地入市；要推动城市内部住房供给和需求的多维度匹配，调整用地供应结构，培育形成多层次租房市场，考虑货币化等灵活方式，推广租购同权；要大力发展低成本住房，创新保障房建设方式，建设包容性租房、低成本居住形态，规范租房市场。

陆铭

上海交通大学安泰经济管理学院特聘教授，教育部长江学者，中国发展研究院执行院长，中国城市治理研究院研究员，上海国际金融与经济研究院研究员

走向城市治理的规划设计

全球政治时势的变化必然带来城市规划设计行业的治理范型转移。随着世界进入多极化时代，规划设计作为组织社会、塑造空间的杠杆，规划与设计治理范型必然发生转型。中国的都会治理，将从跟随西方经验转变为引领全球信息化时代，聚焦一系列信息化时代的"新都市问题"，激活城市群/都会区域的网络与节点，培育创新氛围。网络化城镇化背景下的中国，必须要面对以下挑战：一是要使劳动者共同富裕，推动脱贫并持续改善人民生活，以发展改变不均衡，避免社会与区域两极分化；二是要修补因快速发展而带来的环境问题，活化利用历史遗产；三是要提升都市服务的质量，改善教育、医疗等公共服务，供给公共空间；四是鼓励市民参与社区建设，发动群众，开展社区营造；五是提高地方政府治理水平，建设市民城市。全球信息时代网络社会的战略性规划与区域设计，是学科发展与专业论述话语重建的发力点，也是建立文化自信的着力点，要重建文化与技术之间的桥梁，以人民为中心，推动属于中国的"理论论述话语的重建"。

夏铸九

东南大学建筑国际化示范学院教授、童寯讲席教授，台湾大学名誉教授，国际城市论坛杰出研究员

王富海

中国城市规划学会常务理事，深圳市蕾奥规划设计咨询股份有限公司董事长兼首席规划师，住房和城乡建设部城市设计专家委员会委员，教授级高级城市规划师

空间治理、需求和供给及行业变革

城市治理、供需调整是新时期空间治理转型的关键内容。新时期的城市治理，要重新认识土地和空间的作用，要让城市的"资源＋资产"变成"资产＋资本"，在未来的存量提升中发挥更多的作用。加快城市空间从"治理"到"运营"的转变，要树立运营意识，重视发挥其使用、经营价值，而国土空间规划要聚焦空间，加强研究空间的效益、问题、价值、标准等。要精准把握空间需求和供给，做好"供需"的文章。从需求的多样性出发研究供给的问题，需要准确认识增量、减量和存量这三个概念。要抓住供需的动态性，城市进入存量阶段，要素变动和目标调整决定了空间规划的方法论，要从过去的终极模式变成渐进模式。城市规划行业的变革，要进入城市运营的新阶段，从服务建设、提供整体性的规划方案，转变为政策研究、各类咨询、策划判断，提供实时跟踪的"好服务"。这就要求规划行业从业人员强化策划营销、项目跟踪运营等学科方向的拓展。

丁志刚

中国城市规划学会城乡治理与政策研究学委会委员，江苏省城镇化和城乡规划研究中心主任，教授级高级城市规划师

新发展阶段中国城市空间治理的策略思考

新发展阶段空间需求将迎来经济发展、绿色低碳、社会需求、技术革命、城市治理五个层面的深刻变化，需要用改革的办法推进空间供给结构调整。国家层面要突出空间供给的战略导向和分类差别引导的规则制定，区域层面要推动主体功能区的空间落实，致力推进要素流动下的城市群战略，城乡层面要更加突出新型城镇化和乡村振兴战略的双轮驱动，城市空间结构要着力推动构建兼顾发展和安全韧性的分布式城市组团结构，城市内部空间要致力推动空间再生产下的城市有机更新。相应地，城市规划行业也面临凤凰涅槃的洗礼，作为规划设计从业者，要始终坚定初心使命，不能忘记自己的立足之本以及为百姓塑造更加美好空间品质的专业情怀，要认清自身专业特点和系统化思维的优势，要更加突出以人民为中心的思想，要与祖国共同成长，以空间治理水平的提升促进高质量发展、助推实现国家治理体系和治理能力现代化。

第十四届江苏省绿色建筑发展大会分论坛召开

□ 整理 江苏省城镇化和城乡规划研究中心

2021年10月19日，由江苏省住房和城乡建设厅、江苏省科技发展中心、国际绿色建筑联盟、江苏省欧美同学会和江苏省建筑科学研究院联合主办的第十四届江苏省绿色建筑发展大会在南京召开。本次会议"历史风貌地区有机更新"分论坛由江苏省城镇化和城乡规划研究中心承办。论坛旨在围绕新时期实施城市更新行动的要求，聚焦历史风貌地区，深入交流探讨如何推动城市有机更新，提升城市品质，让城市更具特色和魅力。

张鉴
江苏省城市规划研究会理事长，江苏省政府参事室特聘研究员，住房和城乡建设部科学技术委员会历史文化保护与传承专委会委员

保护历史文化遗存，传承历史文化精髓

首先，中共中央办公厅、国务院办公厅9月印发的《关于在城乡建设中加强历史文化保护传承的意见》（以下简称《意见》）的出台体现了国家对历史文化保护工作的重视。自1982年我国确立历史文化名城保护制度以来，这是首次以两办名义印发的关于城乡历史文化保护传承的文件，是历史文化保护工作中具有里程碑意义的事件。

其次，《意见》强化了城乡历史文化保护传承体系的整体性与系统性，在时间跨度、空间范畴、体制机制等多维度体现了新时期保护与传承工作的新要求，形成了较为完善的历史文化传承体系。全国层面强调战略性，聚焦确定全国保护传承工作的目标、任务、整体布局和保障措施，是全国历史文化保护、利用、传承的政策总纲；省级层面强调协调性，确定省级区域范围内的保护名录和空间分布图，重在落实深化全国纲要的要求；城市层面强调实施性，确定名城（市域范围内）各类保护对象的空间分布，在建设管理工作中体现各类遗存对象的保护要求。

围绕历史文化保护传承工作，各部门形成工作合力是关键，住房城乡建设、文物部门要履行好统筹协调职责，建设、自资、文旅、发改等各部门要积极参与。要进一步细化完善历史文化保护传承的法律、法规、标准、规范，厘清部门工作职责，加强制度、政策、标准的协调对接，加快起草下发实施方案，修改保护条例；地方政府抓紧制订历史文化保护和传承的年度计划，便于考核、检查与评估。

阳建强
中国城市规划学会城市更新学术委员会主任委员，东南大学教授

历史城区整体保护与有机更新

关于保护面临的严峻问题，不同尺度的老城面临的问题有所区别，但都存在缺乏日常维护、整治、修补造成环境的恶化，缺乏政策扶持等共性问题。在非物质空间层面，老城还面临社会空间分异和"空心化"现象，造成历史城区失去内涵价值。其背后的原因是因为居住条件及配套设施达不到现代生活要求，年轻人不愿意住在老城。归根结底，导致保护与发展矛盾的主要原因有重发展轻保护、重规划轻管理、重经济轻社会、重风貌轻价值四个方面。

关于基于价值导向的保护复兴路径，主要有以下四点：第一，对历史城区保护、更新与利用的再认识，应当认识到历史城区的复杂性，积极倡导从"风貌特征保护导向"向"价值内涵延续和功能品质提升导向"转变，彰显历史城区的多维价值。第二，要建立基于价值导向的历史城区保护体系，包括识别、评估与分析、响应，纳入动态的保护工作中。第三，推进渐进的保护、整治与适应性再利用。

第四，从历史街区保护走向历史城市景观风貌保护，彰显历史城市的文化多样性和创造性，在新的发展变化下重新建立街区与城市的关联，形成保护与可持续性发展的良好机制。

关于历史城区有机更新的实践，苏州和青岛开展了积极有效的探索。苏州古城基于容量对古城发展重新定位，进行物理、人口、产业、旅游等多维容量研究，并综合判断形成五种情景的容量模型，提出了不同情景发展的风险。青岛市在市北区城市更新规划中，提出了遗产保护、功能激活、系统耦合、活力慢行、针灸激活等五个策略。

建历史风貌地区有机更新的多方平衡

钱源

万科集团城市研究院院长、深圳市高层次专业人才

苏州淮海街的提升改造，可以被概括为城市更新赋能"老街新生"。理念上聚焦将"马路"变回"街道"，改变道路的使用方式，满足行人更舒适的步行需求，实现"人车平权"；调整街道断面，增加外摆区域，放慢街区生活节奏。设计上注重根据既有店铺商家的需要进行差异化和定制化设计，为每家商铺量身定制各具特色并富有文化气息的店面和店招，边营业边施工，不中断街道商业生命。后期运营注重丰富内容和活动，挖掘淮海街在地文化，策划以中日友好交流为主题的展览；以非传统改造方式营造传统节庆气氛，如塑造街道品牌形象IP，创造新VI形象系统和吉祥物——桂花酱，推动长期传播和营销。

深圳南头古城活化与利用，可以被凝练为城市的寻根与再生。一是围绕"人"做文章，更换10%的人口实现换血提质，利用南头古城的历史文化资源，引入设计和创意产业，并吸引一批创意工作者来南头古城工作和定居；二是建立多设计团队参与的设计机制，邀请20余家国内外知名设计公司、大师事务所及新锐事务所参与到古城的设计改造工作中，保持和延续古城风貌多元丰富性；三是打造分散式小微系列展馆，设置10个固定展览馆和8个临时展览馆，打造步移景异的游览体验，再现深圳改革开放40年的"全光谱"式建设史。

城市更新应寻求"城市愿景""公共利益"和"商业可持续"的三者平衡。要实现城镇化下半场的城市建设的美好愿景，城市发展模式的跃迁可以分为四个阶段。第一阶段是空间买卖阶段，通过土地经济盈利，该阶段已基本结束；第二阶段是空间生产阶段，通过空间的租赁和功能植入盈利，本质还是房地产模型的寄售性及经营性；第三阶段是场所生产阶段，超越空间租赁为主的盈利方式，靠场所引流和宣传变现；第四阶段是虚拟世界阶段，通过虚拟要素的在地叠加，出售某种品牌文化吸引力，完全突破存量空间的限制。

小规模渐进式微更新的扬州实践——以仁丰里历史街区为例

李建芳

扬州市广陵区副区长，广陵古城委主任

扬州市仁丰里历史文化街区的更新实践是小规模渐进式微更新扬州实践的一个代表。更新策略层面，扬州先后制定了《仁丰里历史文化街区保护规划》和《仁丰里综合整治规划》，明确了"以居住为主、文化旅游为辅，兼具商业、服务等配套功能的传统居住区"的整体定位。实施路径上逐步形成"自下而上"的街区保护与利用新机制，按照"小规模、渐进式、微更新、强文化、可持续"的思路，积极探索采用"政府引导、公众自主参与"的运作模式，充分发挥居民、投资人的主观能动性，引导形成区政府、市级相关部门、街道办事处、居民（投资人）等多元主体共同参与的格局。

具体实施步骤包括四个方面。一是初步整理，整治私搭乱建，淘汰老旧业态。二是资产收储，成立投资公司，在不改变产权条件下，将危房、闲置房收储给街道。三是市政设施改善，恢复传统路面，将市政管线改造下地。四是建筑空间微更新，摒弃"穿衣戴帽"的改造方式,保留历史记忆与市井特色,采用先易后难、滚动式推进策略,邀请原住民参与,逐步对街区建筑进行更新。

仁丰里历史街区更新取得了显著的实施成效。一是保护整体性强,有效保持了古城空间格局、建筑肌理和传统风貌,延续了古城小巷的生活氛围。二是环境得到有效改善,通过建筑更新改造、艺术装置植入、多元活动举办等方式,提升了街区文化氛围和整体环境品质。三是文化功能得到激活,通过招引文创产业,植入街区记忆类、非遗传承类、文化研学类、文化民宿类等业态,丰富了传统文化内涵,推动了历史街区的活化利用与功能优化。四是形成了社区长效治理良好局面,通过充分发挥街道、社区在组织社会治理、公众参与方面的优势,有效解决了街区整治过程中产生的邻里关系、违章搭建、环境卫生等诸多矛盾和整治后的长效管理难题。

有温度的城市更新:南京秦淮的实践探索

在更新路径方面,南京市城市更新可归纳为五个阶段,"七五""八五"期间,注重传统建筑符号传承;"九五""十五"快速城市化期间,主推主干路网和阵列式住宅小区建设;"十一五"期间,大规模拆迁引发群众热议,大拆大建按下"终止键";"十二五"期间,注重物质空间传统街巷肌理再生;"十三五"期间,新城反哺老城资金,开展基于多元产权参与的老城南存量有机更新,走出了一条"以人为本、延续文脉、因地制宜、共建共享"的更新路径。

反思秦淮区城市更新实践,主要有六点心得:一是创新"自上而下、自下而上"的更新规划设计,根据街巷布局和土地权属建立规划管控和微更新实施两级单元,以此作为利益再分配的支撑底盘;二是基于复杂产权关系树立尊重、公正的价值观,充分遵循产权人意见,转变强制征收开发方式为产权主体自愿参与的工作路线,探索自下而上的自主更新模式;三是宽容审批管理,寻求法规和民生的最佳平衡;四是做好社区协商、沟通工作,设立社区规划师制度,及时了解掌握群众意见诉求;五是鼓励引导多元更新资金投入;六是更新项目与区域串联,借助全域旅游,做成面向全部市民、游客的城市更新,让市民游客感到方便、舒适和更有温度。

李建波
南京市规划和自然资源局秦淮分局局长、秦淮区城市更新办常务副主任

城市更新创新求索及未来展望

纵观我国城市更新的实践策略,主要有以下几点:一是政策引领方面,未来城市更新将成为以政府为主导,完善提升城市功能的重要模式,侧重公益性,避免过度地产化的模式及倾向。二是路径与模式创新方面,采用"指挥部+工作组+总师制"的工作机制,高效推动片区更新统筹工作推进;采用"政府主导+市场操作+资本运作"的合作模式打通更新项目的投融建管退渠道;采用"城市运营+产业投资+特许经营"的商业模式拓宽更新项目主体收益渠道;采用"异地腾挪""指标平移""协议获取土地"等其他创新手法破除空间受限、资金投入较大等痛点。三是资金平衡方面,按照城市更新资金来源,将资金模式划分为项目收益自平衡模式、政府投资模式、成立项目公司并引入社会资本参与三种不同的模式。四是内容植入与空间改造方面,内容植入应兼具居民便捷属性、文化公共属性、城市消费属性、产业文创属性,空间改造则应注重功能完善、文化赋能、微场景保留和产办结合。

展望未来我国城市更新的趋势动向,城市更新主体参与形式将更加多元,物业权利主体、房企开发商、基金和资本方将发挥各主体优势,来实现多方支撑的完善运营体系,共同探索城市更新项目有特色、可持续的实施路径。

王飞
世邦魏理仕战略顾问部主管兼中国区董事、江苏区域负责人

江苏发布《疫情应对下的建筑和住区导则》

《疫情应对下的建筑和住区导则（第一版）》论证会现场

习近平总书记强调，要"完善各种应急预案，严格落实常态化防控措施，最大限度减少疫情对经济社会发展的影响"。常态化疫情防控是一项系统工程，需要全社会的共同努力，需要各行各业发挥各自的智慧，共同形成应对策略。

按照江苏省委省政府决策部署要求，为给全社会疫情防控和应对提供住区、建筑和空间支持方面的技术指导，江苏省住房和城乡建设厅组织省内一批设计单位、研究机构共同编制了《疫情应对下的建筑和住区导则（第一版）》（以下简称《导则》）。省委吴政隆书记对《导则》作出批示，充分肯定了该项工作。

2022年5月14日，江苏省新冠肺炎疫情联防联控指挥部印发《疫情应对下的建筑和住区导则（第一版）》（以下简称《导则》），供各市、县（市、区）人民政府和疫情防控领导指挥机构，省各有关部门和单位参阅、指导，以更好满足常态化疫情防控和应急转换需要。

全国工程勘察设计大师冯正功、省设计大师刘志军等在内的多位专家学者以及省疫情联防联控指挥部综合组、社区组等有关部门代表在《导则》论证时一致认为，《导则》立足平灾结合、平急转换的理念，针对与城市居民直接相关联的住区、公共建筑、公园绿地等场所，以及供水、环卫等市政基础设施，提出了针对疫情防控的室内外空间技术引导要求。《导则》在全国率先整合了当前经检验切实可行的疫情防控经验，涵盖了改造、新建、使用和管理等相关内容，形成了面向居民生活需求、基层治理和城市建设管理的综合成果。《导则》内容适用面广、实用性强、通俗易懂，对应对公共卫生事件具有较强的针对性，对指导疫情防控工作具有重要意义，也为安全韧性城市建设提供策略。

《导则》在全国率先整合了当前经检验切实可行的疫情防控经验，涵盖了改造、新建、使用和管理等相关内容，形成了面向居民生活需求、基层治理和城市建设管理的综合成果。